S

LAS TRES EDADES

Y DIJO LA ESFINGE:
SE MUEVE A CUATRO PATAS
POR LA MAÑANA,
CAMINA ERGUIDO
AL MEDIODÍA
Y UTILIZA TRES PIES
AL ATARDECER.
¿QUÉ COSA ES?
Y EDIPO RESPONDIÓ:
EL HOMBRE.

En la laguna más profunda

ÓSCAR COLLAZOS

Las Tres Edades **Ediciones Siruela**

© En cubierta: Ilustración de © Xosé Cobas
Colección dirigida por Michi Strausfeld
Diseño gráfico: Gloria Gauger

c/ Almagro 25, ppal. dcha.
28010 Madrid. Tel.: + 34 91 355 57 20
Fax: + 34 91 355 22 01
siruela@siruela.com www.siruela.com
ISBN: 978-84-9841-541-4
Depósito legal: M-15.340-2011
Impreso en Anzos
Printed and made in Spain

Papel 100% procedente de bosques bien gestionados

EN LA LAGUNA MÁS PROFUNDA

1

Nada sucedió de repente –dijo mi madre.

Primero tuvo olvidos muy tontos, como no saber dónde había dejado las gafas, no encontrar el par de zapatos que iba a ponerse en la noche, o elegir y ponerse un zapato negro y otro amarillo. Ella, que había sido tan elegante y *austera,* decían mis padres, se vestía con blusas de un color escandaloso, y ese color no combinaba con una falda discreta.

En fin, cosas de esas.

–Olvidos sin importancia –decía mi madre.

–Nada grave –añadía mi padre.

Se levantaba de buen humor, saludaba de beso a todo el mundo y decía que hacía un día *espléndido.* Usaba mucho esta palabra: *espléndido.* Todo lo bueno y agradable a su vista era *espléndido.*

Recordaba haberle oído esa palabra hacía mucho tiempo. Desde ese día se me grabó en la memoria. Estábamos en su casa de campo, como lo hacíamos casi todos los fines de semana. La noche anterior le había prometido que la acompañaría a su paseo de cada mañana y ella me había pedido que fuera puntual.

–Te espero vestida y lista a las seis y media de la mañana –me dijo–. En el camino, desayunamos con frutas.

Así que a las seis y media de la mañana del día siguiente, allí estaba yo, lista para dar mi primer paseo con la abuela.

Caminamos entre los árboles, pisando las hojas todavía húmedas.

–Las moja el rocío de la madrugada –dijo.

Sostenía con la mano un palo rústico, a manera de bastón. Lo apoyaba en el suelo y removía las hojas del suelo, como si las seleccionara entre las que seguían intactas y las que se estaban pudriendo entre el lodo y los gusanos de tierra. Se detenía a cada momento. Removía las hojas como si buscara alguna sorpresa en el montón.

–¿No te da miedo que salte de las hojas una culebra? –le pregunté intrigada.

–¿Me quieres meter miedo?

Me dijo que el palo le servía para medir la consistencia del suelo y, cómo no, para saber si había pequeñas culebras escondidas entre las hojas secas y mojadas.

–¿Encontraste alguna vez una culebra?

–¿Una vez? –se preguntó–. ¡Muchas veces! Si uno las ve enroscadas en un árbol o deslizándose por el suelo, lo mejor es quedarse quieta y dejarlas pasar.

A veces una las ve cruzar el camino, como si huyeran de los humanos.

–¿Y con una serpiente?

–¿Una serpiente? –se quedó dudando–. Sí, pero en las selvas del Pacífico. ¡Era así de grande! –dijo extendiendo los brazos–. Pero nos dejó pasar de largo como si fuéramos una visita.

Yo no sabía ni me interesaba saber si la abuela había estado alguna vez en las selvas del Pacífico. La imaginaba abriéndose camino en medio de árboles gigantescos, atravesando en canoa pantanos *plagados* de fieras, espantando a los mosquitos y durmiendo en chozas de indígenas en las cabeceras de los ríos.

–Yo saldría corriendo –le respondí, haciendo un gesto de pánico.

–¡Cómo es de espléndida la naturaleza! –exclamó, agarrándome del brazo.

Me señaló las hojas húmedas y me dijo que al pudrirse encima de la tierra permitían que la naturaleza siguiera viviendo con lo que moría. En verdad, nada moría, añadió. Lo que parecía haber muerto servía para dar vida de nuevo. Removía la tierra y señalaba los gusanos que sobresalían entre yerbajos podridos. También los gusanos daban vida.

La abuela se detenía frente a los árboles y decía sus nombres en voz alta. Me llamó la atención la manera como pronunciaba esos nombres y el cariño que ponía al acariciar sus cortezas o deslizar la mano por las hojas. Era como si los árboles fueran sus más viejos amigos. Apartaba con cuidado las ramas de los arbustos que crecían a ambos lados del camino.

–Este caucho debe de tener como cuarenta metros de altura –me dijo–. Lo llaman *Ficus tequendamae*.

Alzó la vista al cielo y me mostró con la punta de su palo las orquídeas que crecían en el tronco del caucho.

–¡Es la más espléndida de las flores! –exclamó–. Cuando encuentre una *Cattleya trianae* te la mostraré. Es la más perfecta de todas las orquídeas. Dan ganas de comerse sus hojas carnosas.

Todo fue espléndido durante ese paseo. Tan espléndido que no supe contar a mis padres cada cosa que había visto ni nada de lo que había sentido al acompañar a la abuela en su paseo diario. Lo seguimos haciendo cada vez que veníamos a visitarla. Ella y yo solas, porque mis primas no fueron nunca capaces de levantarse a las seis de la mañana. Les daba pereza madrugar.

–Mañana te muestro uno de mis secretos –me prometió al regreso del segundo paseo–. Pero deberá quedar entre las dos.

Al día siguiente, muy temprano, después del desayuno, le recordé su promesa.

Entonces me llevó al más espeso lugar del bosque, tan espeso que había que caminar por un sendero trazado a ambos lados por ramas que uno apartaba al avanzar. Al final del camino había un claro. Y entre dos grandes rocas, corría un riachuelo de aguas transparentes. El riachuelo volvía a perderse en las siguientes rocas. Y así sucesivamente: aparecía, se escondía, reaparecía, corría debajo de nuevas piedras grises...

La abuela me iba conduciendo con cuidado, como lo hace alguien que conoce de memoria el terreno que pisa. Se sentó después en una de las piedras y señaló con el bastón hacia la espesura del bosque.

Había llovido en la madrugada, así que ponía mucho cuidado al pisar el sendero. Evitaba el agua encharcada y daba rodeos para no pisar el lodo acumulado en el camino. Pasamos por un humedal y escuchamos el canto de las ranas. Vimos hojas enormes flotando en la superficie de las aguas.

–Aquí me cito con él –dijo.

–¿Quién es él, abuela?

–¿Quién va a ser? –exclamó–. Tu abuelo. Mi difunto esposo. Este es el más tranquilo y espléndido lugar para una cita. Cada vez que vengo aquí, sé que él me espera. Me acomodo encima de un tronco, en la sombra, y siento que él llega por el sendero, siempre muy elegante: con traje de paño, chaleco, sombrero y un paraguas enganchado en el brazo. No sé por qué viene vestido así si sabe que estamos en el campo y no en la ciudad. Un día me dijo que al verme sentada en esta roca, le pareció ver a una reina sentada en un trono de piedra.

–¿No le preguntaste por qué venía vestido así?

–Sí –me respondió–. Me dijo que ese era su traje de fiesta.

La abuela no lo dijo, pero me la imaginé bailando a la orilla del riachuelo, rodeada de altos árboles y arrullada por el canto de los pájaros, con el abuelo vestido de gala, bailando una y otra vez el vals que habían bailado al casarse. Entre una pieza y otra, se escuchaba el lejano croar de las ranas. Al imaginar la escena, la abuela no iba vestida con pantalones de dril y camisa rústica a cuadros, sombrero de paja raído y botas montañeras. Me la imaginaba de vestido largo blanco, montada en zapatos de tacón alto, con un collar de perlas en la garganta y el cabello recogido en un moño precioso, con su peine de gitana. Todo era hermoso en el atuendo que la abuela llevaba para bailar con el abuelo a la orilla del río.

Yo tenía entonces nueve años. Lo recuerdo porque en ese cumpleaños la abuela me regaló un vestido de terciopelo morado con encaje blanco en el cuello y las mangas. Es uno de los vestidos que más quiero porque me lo ponía siempre que me invitaban a fiestas, hasta que empezó a quedarme pequeño. Más tarde, mamá quería regalárselo a una de mis primas. Yo me opuse. ¿Por qué? No estaba segura de que mi prima cuidara ese vestido como lo cuidaba yo.

Después de ese primer paseo, ya de regreso en casa, la abuela se puso a calentar agua y preparó la infusión de hierbabuena y poleo que tanto le gustaba. Mis padres, la tía Esmeralda, su marido Arturo y mis primos ya se habían levantado y esperaban el desayuno sentados a la mesa. Hermenegilda serviría arepas, huevos fritos o revueltos, queso fresco de la región, chocolate o café.

Antes de sentarnos a la mesa, la abuela me dijo que el paseo de esa mañana había sido el más espléndido que ella recordaba en mucho tiempo. Llevaba casi treinta años haciéndolo a diario. Había visto nacer y crecer arbustos, pero lo que mejor guardaba en su memoria era la altura de algunos árboles, el grosor de sus troncos, la extensión de sus ramas y el color de sus hojas.

–Algunos son más viejos que yo –dijo riéndose–. Pero también soy más vieja que otros. Este, por ejemplo, tiene apenas diez o doce años.

–Como yo –añadí.

–Como tú –aceptó.

–¿Sabes quién lo sembró?

–No, no sé quién lo sembró –dijo–. Pienso que lo sembraron el mismo día en que naciste tú.

Caminamos un rato en silencio.

–Fuiste testigo de mi cita de amor y ese será nuestro secreto –me dijo acercándose y hablando en susurros–. No se lo cuentes a nadie.

–No te preocupes, abuela, te guardaré el secreto.

Aquel recodo en un claro del bosque empezó a ser para mí el lugar donde siempre ocurriría una cita de amor. Marqué en mi memoria el lugar: a pocos metros del *Ficus tequendamae*. Un día, yo también me sentaría a la sombra de un árbol y esperaría la llegada del hombre que me amaba. Le rogaría, eso sí, que no viniera vestido de traje, chaleco, corbata, sombrero y paraguas. Si venía vestido de gala, yo también debía hacerlo y me parecía muy aburrido tener que vestirme de gala para una cita de amor.

2

Cuando la abuela venía a visitarnos a la ciudad, unas veces llegaba a casa de la tía Esmeralda, otras veces a la nuestra. Y aunque la casa de la tía era un apartamento grande y cómodo, con una terraza desde donde se podía divisar la ciudad, yo creo que prefería nuestra casa porque tenía jardín y no estaba metida entre el bullicio.

Cada noche, antes de irme a la cama, le pedía que me acompañara a dibujar. Me ayudaba a recortar figuras de periódicos y revistas y a encontrar palabras raras. Me pedía que recortara con las tijeras las más raras y las pegara sobre una hoja en blanco. Sobre esa hoja, llena de recortes, debía pintar lo que se me ocurriera, con los colores que quisiera. Si se armaba un rompecabezas con tantas figuras, me divertía cortándolas en trocitos con unas tijeras y la abuela se entusiasmaba con la idea, tanto que le daba por buscar un sombrero, echar los recortes dentro, removerlo como una batidora y sacar poco a poco los trocitos de papel con palabras caprichosas. Entonces las escribía unas detrás de otras, como si estuviéramos haciendo un nuevo dibujo. Del sombrero salían frases divertidísimas y parecían más divertidas aún a medida que la abuela las leía en voz alta. Recuerdo una porque la pegué en una cartulina:

Vamos
Bajando
Al fondo
Para Levantarnos.
Poco a poco A
Volver

Me enseñó a jugar con los diccionarios, a buscar el significado de las palabras que recortaba de los periódicos y a subrayar en los libros que leía las palabras que no comprendía.

–¿Y eso para qué sirve, abuela?

–Para nada –me dijo–. Para hacer algo distinto. Para saber.

Siempre decía *para nada*. Si algo era divertido, si se hacía algo para pasar el tiempo, la abuela decía que se hacía *para nada*. *Para nada* era lo que se hacía por el gusto de hacerlo. La gente debería aprender a *vivir para nada*, decía.

–Uno debería aprender a hacer más cosas *para nada*.

Hoy pienso que la abuela no se tomaba en serio *casi nada*. Bromeaba conmigo, con mis padres, con la tía, con mis primos, con sus yernos. Y con ella misma. Bromeaba con sus amigas y hasta con los extraños. Nunca dejó de hacer bromas, sobre todo en las visitas a su casa. Si la mesa no estaba todavía servida, se encargaba de poner platos y cubiertos. Encima de los platos servía «el desayuno» de esa mañana. Aunque había sido un juego concebido para hacer reír a sus nietos pequeños, lo seguía haciendo aunque ya no lo fuésemos.

–¿Qué nos tienes preparado, abuela? –le preguntaba yo.

Ordenaba encima de la mesa piedras de formas extrañas, seleccionaba sus hierbas olorosas y flores silvestres. Colocaba encima de cada plato un huevo crudo, sacado del canasto que siempre vi lleno porque cada día le traían los huevos frescos del gallinero de un vecino.

–Señoras y señores –anunciaba–. ¡Sírvanse!

Era una de sus bromas preferidas antes de que Hermenegilda empezara a servir el desayuno de verdad. Deliciosos desayunos campesinos. El olor del chocolate perfumado con clavos y canela, las arepas recién asadas, el pan hecho en un horno de leña del pueblo.

En ese pueblo, *el telón de fondo* para nuestro olfato era el olor a leche recién ordeñada. ¿Cómo que telón de fondo? Si hay un telón de fondo para la vista, ¿por qué no puede haberlo para el olfato?

La abuela tenía de vez en cuando ataques de mal genio. No es que hubiera perdido el humor.

A medida que fue cumpliendo más años, sin que le pasara nada, se ponía de mal humor por cualquier cosa, pero a las pocas horas volvía a ser la que era, una mujer alegre y divertida, sin miedo a hacer el ridículo.

¿Cómo que sin miedo a hacer el ridículo? Sí, sin miedo a divertirse y divertir a la gente, porque hay personas que para hacer el más mínimo movimiento siempre miran a los lados, como si buscaran aprobación. No hacen nada por su cuenta si antes no reciben los aplausos.

–Mamá, usted ya está muy vieja para ponerse esa ropa –le dijo un día la tía Esmeralda.

–Pues yo no lo creo –le respondió la abuela con *altivez*–. Cuanto más viejas, más alegría le debemos poner a la vida. ¿Quiere que me vista de luto como las viudas de antes? ¡Ni hablar, m'hija! El dolor, si hay dolor, va por dentro.

–Pues aténgase a lo que diga la gente –le dijo la tía.

–Me atengo, m'hija –le respondió la abuela–. Y no me importa lo que digan.

Y se quedó mirándola con una sonrisa de burla cariñosa. ¿Cómo es eso de burla cariñosa? Muy simple: era como si le dijera: «Usted, Esmeralda, siempre con las mismas».

–¿Quién le dijo, m'hija, que ese vestido que lleva puesto le queda bien a su edad? –reaccionó la abuela horas más tarde al verla salir con un vestido oscuro estilo sastre–. Parece una monja de clausura.

La tía dio media vuelta y se metió en su cuarto.

No sé si lo dijo con esas palabras. Eso era lo que mis padres contaban al referirse a la manera de vestir de la abuela y a los regaños de la tía Esmeralda. Desde muy joven –decía mi madre– la tía sentía vergüenza si veía a su madre, mi abuela, vistiendo ropa de colorines o pasada de moda. «Ese es su estilo», le decía mi madre. La abuela no respondía a esas críticas. Refunfuñaba sola. Y se iba a tejer sentada en el mecedor de la sala. De pronto, se levantaba del mecedor y tiraba al suelo la madeja de lana y las agujas. No podía concentrarse. Parece que le temblaba el pulso. Se encerraba de nuevo en su cuarto sin dar explicaciones.

–Déjenla tranquila –decía mi madre–. Hoy está de mal genio.

Después continuaba concentrada en el trabajo de tejer y destejer un suéter de lana. Estaba a punto de terminarlo y deshacía el tejido para empezar de nuevo y seguir tejiendo interminablemente. No es que estuviera esperando el regreso de nadie. No tejía para matar el tiempo y alargar la espera. Tejía y destejía por el placer de hacerlo, aunque no quedara ninguna prenda. Y las prendas que terminaba tampoco estaban tejidas para alguien en especial, pues la abuela, me explicó ella misma, no tejía pensando en una talla en especial, en un niño o en una niña de tantos años o meses de nacida. A medida que tejía, decidía si el tejido tomaría la forma de un suéter o de un pantaloncito, con mangas o sin mangas, largo o corto. Todo dependía del ánimo. Se dejaba llevar por la forma que adquiría el tejido y ni ella misma sabía qué rumbo iba a tomar este ejercicio.

La abuela disfrutaba más tejiendo que acabando el tejido.

Disfrutaba con otras cosas: jugando con sus nietos, haciéndoles payasadas, disfrazándose de bruja, metiéndoles miedo, escondiéndose en los armarios y saliendo de allí envuelta en una sábana blanca. Compraba cajas de acuarelas, pinturas, máscaras y antifaces y las tenía siempre a mano. Cuando se cansaba y no podía más, se *repantigaba* en un sillón y se hacía la muerta. La muerta o la dormida. La muerta que no respiraba; la dormida que roncaba como un león, aunque no estoy muy segura de que los leones ronquen como roncaba la abuela.

Creíamos que el juego había terminado porque desaparecía de la escena, pero al rato regresaba a la sala pegando brincos, montada en un palo de escoba, con un viejo sombrero negro raído y unos horribles dientes de vampira que había sacado de los viejos disfraces de *halloween*. Nos correteaba por toda la casa.

¿Cuántos años tenía yo entonces?, ¿cinco, seis?

Fueron otros tiempos. Y de esos viejos tiempos de niños recuerdo el día en que nos llevó a mí y a mis primos al circo. Después de la función, le dijimos que queríamos ver de cerca a los animales. No respondió de inmediato. Se quedó pensativa, se levantó decidida y nos condujo por un pasillo de la carpa.

Burló la vigilancia y nos llevó a la parte trasera, donde encerraban al león, al elefante y al tigre. Vimos pasar muy cerca de nosotros al domador de los leones y a la equilibrista.

A mí me puso muy triste descubrir que la malla de esa muchacha tan flaca y tan linda tenía unos remiendos horribles mientras el uniforme del domador parecía el traje blanco y nuevo de un general, con hombreras y botones dorados. Conocimos de cerca la piel de los animales, sobre todo la piel oscura y dura del elefante, y sentimos el olor que despedían el león y el tigre.

Uno de los vigilantes nos descubrió junto a la jaula de los leones y la abuela se hizo la que no había notado su presencia. El tipo venía hacia nosotros con cara de pocos amigos. La abuela nos dijo en voz baja que esperáramos y se fue a platicar con él. No supimos sino después lo que le dijo para evitar que nos expulsaran del circo.

–¿Qué le dijiste para que no nos echaran? –le pregunté luego. Nos habíamos quedado mirándola a la distancia y con miedo de que nos sacaran a las malas.

–Le dije que estaba interesada en comprar una parte del circo, pero que debía conocer antes el estado de los animales.

–¿Y te creyó?

–¡Cómo no iba a creerme! –exclamó–. El vigilante me informó que el circo pasaba por momentos muy críticos, que hacía tres meses no les pagaban y que estaba bien que alguien le inyectara capital para ver si el dueño se ponía al día con los empleados. Me dijo, además, que el león y el elefante estaban ya muy viejos y que él pensaba que era hora de jubilarlos.

–Mire ese león –le dijo el hombre–. Viejo y flaco, casi no tiene pelo.

–¡Pero ruge muy fuerte! –le dijo la abuela.

–No crea, señora –se rio el tipo, mirando hacia los lados, como si buscara alguna presencia imprudente–. Le voy a decir la verdad: los rugidos del león no son de león. Mejor dicho, el león que ustedes ven no es el que ruge. Lo que ustedes oyen es una grabación de un león mucho más joven.

–Mi aporte a la sociedad –le dijo la abuela– alcanzará para traer dos leones jóvenes de África. Y a usted le vamos a dar un uniforme nuevo. ¡Con botones dorados!

–¡Pero dijiste una mentira! –le reproché después.

–Una mentira que no le hace daño a nadie no es una mentira sino un ejercicio de la imaginación.

Los de ahora, los tiempos de ahora, es decir, los tiempos que vinieron después, fueron los de los paseos por el campo y los cuentos de la abuela mientras atravesaba el sendero que nos llevaba al pie del *Ficus tequendamae*, muy cerca de la piedra donde nos sentábamos a ver discurrir el agua del riachuelo.

En una época, decía mi madre, antes de que yo naciera, la abuela había tenido fama de revoltosa y parrandera. Quienes la conocieron entonces decían que le había dado la bienvenida al *rock and roll* de

Elvis Presley y a la minifalda. Aunque tenía entonces más de treinta años, fue la primera de su grupo en aprender a bailar como bailaban los muchachos de la época. No me lo imagino, hasta me da risa imaginarlo, pero mi madre dice y repite que la abuela tenía unas piernas bonitas y una cintura de avispa. No había fiesta a la que no los invitaran. El abuelo y ella eran la atracción, dirigían la fiesta y eran los últimos en irse. Vivían en tierra caliente, a la orilla del gran río, y no había fin de semana en que no los invitaran a una parranda.

–¿Cuántos años tenía la abuela en esa época? –le pregunté a mi madre.

–Entre treinta y cinco y cuarenta –respondió haciendo sus cálculos–. No me lo vas a creer, pero cuando llegaron los *hippies*, a la abuela le dio por ponerse faldas largas de seda y flores en el peinado y por quemar esencias de la India en toda la casa.

Un día le pregunté a la abuela por esa época y se echó a reír.

–¡Habladurías! –exclamó–. Decían de mí muchas cosas, embustes.

–Mi mamá dice que tú eras la más moderna de todas.

–¿Moderna por ponerme minifalda y bailar *rock and roll*? –no paraba de reírse–. La minifalda era la moda de las muchachas y yo no me sentía todavía vieja. ¿Vieja a los treinta y cinco años? Me encantaban las faldas de seda floreadas y las cintas para el pelo en la frente, ¿qué tenía eso de malo?

–¿Eras o no eras moderna?

–¿Qué crees tú? –me preguntó soltando una carcajada.

–¡Que lo eras!

–¿Y ahora qué soy? –me miró esperando mi respuesta–. ¿Antigua? ¿Una vieja antigua y pasada de moda? Hoy las cosas van tan rápido, que pasan de moda de un día para otro.

3

–¿Vamos a pasear, abuela?

No respondió. Se quedó mirándome en silencio y me dio la espalda.

Nunca volví a hacerle esa pregunta. De un día para otro, la abuela decidió no salir más a pasear por el campo. Ni sola ni acompañada. Lo había hecho casi cada día y durante más de treinta años. Algo espantoso había ocurrido para que decidiera no pasear más por el sendero que conocía de memoria, entre los magníficos árboles que rodeaban su casa.

–No, Alexandra Blanco, se me quitaron las ganas de *pasear monte*.

Cuando quería cerrar una conversación y no oír una palabra más sobre un asunto, me llamaba con nombre y apellido.

–¿Por qué, abuela –le insistí–, si a ti te gusta ir a tu cita con él?

–Eso era antes.

–*Antes* era hace una semana –le repliqué–, ¿qué pasó después?

Mi madre me llamó aparte y me pidió que no molestara a la abuela.

–No la estoy molestando –le dije–. Quiero saber por qué no quiere hacer el paseo de siempre.

El aire de la casa se llenó de misterio. Nadie quería decirme nada ni darme explicaciones sobre la inesperada decisión de la abuela. Tuve que esperar hasta la noche para que, en vista de la insistencia, mis padres me dieran la más terrible de las explicaciones.

–La abuela tiene miedo de salir de la casa –dijo mi padre.

–No sé si es miedo exactamente –corrigió mi madre–, pero la verdad es que en el pueblo sucedió algo muy feo.

–Exactamente en el lugar que la abuela más quería –añadió mi padre–: al pie del *Ficus tequendamae*.

¿Qué tan feo pudo haber pasado para que la abuela decidiera no salir más al campo ni hacer el paseo que solía dar sola y que durante los últimos meses hacía conmigo?

–Va a ser muy duro, Alexandra, pero tenemos que decírtelo antes de que te lo cuenten en el pueblo o lo veas en la tele. Mi padre me tomó una mano, mi madre me acarició los cabellos, y mientras me arropaban con cariño me contaron que la semana anterior habían descubierto los cuerpos de cinco muchachos enterrados muy cerca del árbol donde la abuela se sentaba a ver pasar las aguas del riachuelo.

Eran jóvenes de veinte a veinticinco años.

El lugar donde se citaba con el abuelo, iba a decir, pero pensé que era un secreto entre las dos. El pueblo se había llenado de policías y ambulancias. Llegaron periodistas y camionetas con cámaras de televisión. No sé por qué, pero si no hay cámaras de televisión es como si nada pasara. Si no ha sucedido nada y la gente ve cámaras de televisión en una calle, piensa que algo muy grave está ocurriendo y corre hacia las cámaras. Al ver el tumulto que se estaba formando cerca de su casa y a la gente que corría hacia el bosque, la abuela salió con Hermenegilda a preguntar qué sucedía. Le dijeron que estaban levantando los cadáveres de unos muchachos. Un campesino, alertado por su perro, había descubierto algo raro en el suelo y se había puesto a escarbar hasta dar con los cuerpos desnudos.

Eso sucedió el jueves. Mis padres esperaron la reacción de la abuela. La noticia había sido un escándalo, pero como la abuela no veía televisión sino de vez en cuando, llegaron a creer que no se había enterado de nada. Si lo hubiera sabido, calcularon, los habría llamado al conocer la noticia.

La abuela no quiso decir nada hasta el sábado, cuando llegamos a pasar el fin de semana.

–Los mataron miserablemente –les dijo a mis padres.

–¿A quiénes, mamá? –le preguntó mi madre.

–¿A quiénes iba a ser? –reaccionó malhumorada–. Pues a esos pobres muchachos. ¡Y no me crea tan boba, que ustedes conocían la noticia!

Mis padres pensaron que, después de un tiempo, la abuela volvería a hacer sus paseos por el campo. No sucedió así. Cada vez que le sugerían dar un paseo, decía que había perdido las ganas, que el campo ya no era el que ella conocía.

–Me mataron muchísimos años de alegría –les dijo a mis padres cuando insistieron en preguntarle por qué no hacían un paseo juntos.

–Un día de estos me encuentro con un muerto en la misma puerta de mi casa –dijo sin esconder el fastidio.

Un día de estos, pensé yo al cabo de algún tiempo, las almas de esos muchachos vendrían a hacernos visita en las noches, almas en pena que perturbarían el sueño de los mortales. De tanto pensarlo e imaginarme el regreso de sus almas, soñé con ellos. Ninguno tenía propiamente un rostro, y los cuerpos no eran como los cuerpos de los demás mortales. Si uno trataba de tocarlos, no encontraba nada sólido. Eran cuerpos sin cuerpo.

–Vinimos de nuevo para que no nos olvides –dijeron en coro antes de esfumarse.

El domingo siguiente, por la tarde, me senté al lado de la abuela. Se mecía en silencio, con los ojos abiertos. Siempre, después del almuerzo, hacía su siesta sentada en el mecedor que instalaba en el corredor de la casa. Acerqué una silla y le tomé una mano.

–Si vienes a preguntarme qué me pasa –me dijo–, mejor no lo hagas. Esas cosas no tienen perdón de Dios.

–Te iba a preguntar si vas a seguir citándote con el abuelo –cambié el tema.

–Eso es lo que estoy pensando –me dijo–. En todo caso, ya no será en el sitio de siempre. No sé si a él le gustará cambiar el lugar de la cita. Los viejos son muy caprichosos.

–¿Dónde, entonces?

–En ningún lado y en cualquier parte –respondió ella, entrecerrando los ojos, moviendo la espalda y empujando con la punta de los pies para que el mecedor se balanceara más rápido.

Pasaron dos semanas y la abuela volvió a visitarnos en la ciudad. El mediodía del domingo nos sentamos a ver el telediario. Ella enmudeció de repente. Yo estaba distraída y no me di cuenta de que mi padre había corrido a apagar el televisor en el momento en que empezaban a dar la noticia. Después supe que habían dado otra información aterradora: habían aparecido más muchachos, enterrados en fosas comunes en otro extremo del país.

–Los monstruos andan sueltos –dijo la abuela antes de levantarse de la silla y encerrarse en su cuarto.

No volvió a pronunciar una sola palabra hasta la hora de la cena y lo que dijo intrigó mucho más a mis padres.

–Soltaron a los monstruos y ahora nadie quiere ni puede amarrarlos.

No sé si, poco a poco, se fue olvidando de esta tragedia. Si estaba en casa, mis padres preferían no encender el televisor a la hora de las noticias.

La abuela siguió haciendo sus cosas, la vida de siempre, pero nadie pudo convencerla de volver a dar un paseo en el campo. Se dedicó entonces a ordenar las piedras y hojas secas de formas caprichosas que coleccionaba en sus paseos, mandaba por las yerbas para sus infusiones, no salía a buscarlas al campo, mandaba a Hermenegilda y ella las compraba en la tienda.

Algunos vecinos se enteraron del *trauma* que estos acontecimientos habían producido en la abuela. Empezaron a visitarla con más frecuencia que antes, le daban obsequios: frutas, yerbas aromáticas, flores silvestres, legumbres. ¡Incluso le regalaron una orquídea, la más bella de las orquídeas! Le propusieron hacer un paseo por el campo para «ahuyentar los malos espíritus», pero la abuela rechazó la invitación.

–Los malos espíritus no están en el campo sino dentro de mí –les respondió con amabilidad–. Yo misma me encargo de ahuyentarlos. Si no puedo, me tocará vivir con ellos.

Sé que hago mal en contar este episodio. No debería llenarles la cabeza de cosas terribles. Pensé que debía justificar la conducta de la abuela si les decía que no habíamos vuelto a pasear juntas por el bosque, ni a sentir el delicioso perfume de las hojas húmedas, ni a escuchar el croar de las ranas al pasar por el estanque que se había formado en el centro de un humedal que se alimentaba con las lluvias. Además, me dije, uno no puede cerrar los ojos si en el mundo ocurren cosas espantosas y tristes y creer que no han estado sucediendo.

Una mañana quise hacer sola el paseo por el campo, siguiendo la ruta de la abuela, pero no bien había andado unos cien metros y cuando estaba a punto de tomar el sendero que me llevaría a lo más tupido del monte, sentí algo muy raro en la mente. Era como si alguien o algo estuviera tratando de importunarme. Me costaba caminar. Sentía mucha pesadez en el cuerpo.

Desistí. A medida que emprendía el regreso, sentía que el peso en la mente empezaba a desaparecer. Me asusté y emprendí carrera hacia la casa.

4

Me figuro que hay viejos que prefieren vivir solos y les molesta estar rodeados de gente que los cree inválidos y que se pasan todo el tiempo ayudándolos a hacer lo que ellos pueden hacer por sus propias manos.

No es que la abuela prefiriera estar sola, pero sí le molestaba que creyeran que era una inválida.

Papá, mamá, la tía Esmeralda y su marido, Arturo, aceptaron que la abuela había empezado a tener dificultades al hacer algunas cosas y que había que ayudarla a hacer lo que antes hacía sola. Eso sí, había que tener mucho cuidado y no ofenderla.

En las semanas que siguieron al episodio de los muchachos muertos, la abuela hizo cosas divertidas como permanecer juiciosamente sentada en la visita, escuchar música y levantarse a bailar sola con una sonrisa de aquí a la eternidad. Cosas de esas. Se burlaba de la gente sacándole la lengua. Tomaba más de una copa de vino, como si fuese agua. O le echaba tintura roja al agua y la bebía como si fuera vino. Saludaba y abrazaba a gente que no conocía, como si la conociera desde siempre. Firmaba un cheque por una suma muy superior a su saldo para pagar la cuota de una hipoteca que había terminado de pagar hacía diez años. Invitaba a sus amigas a casa sin haberles dicho nada a mis padres, y había que salir a comprar lo que se necesitaba para atender a diez mujeres en visita inesperada. Llamaba a una con el nombre de otra, confundía a Virginia con Azucena, a Magnolia con Rosa y a Rosa con Jacinta.

¿Pero quién no confunde el nombre de las flores?

–Menos mal que a ninguna le ha dado por llamarse Astromelia –dijo un día.

Todas estas confusiones parecían bromas *disparatadas* de la abuela. Mis padres las contaban sin poner cara de tragedia. Mis primos y yo nos reíamos de esas ocurrencias.

Abuela le pedía a la empleada que preparara un ponche para todas. Brandy, huevo, leche, azúcar, cáscara de limón rallada. Se sabía la receta, las dosis exactas para hacer un ponche que alegrara el espíritu. Esta era la bebida favorita de la abuela cuando se levantaba la falda, quiero decir, cuando se ponía alegre. Así decían las viejas de antes: levantarse la falda. Recordaba entonces la época en que la abuela bailaba *rock and roll* y se ponía minifalda. Según mis cuentas, eso había pasado hacía más de medio siglo.

–Te gusta mucho el ponche, ¿verdad, abuela?

–Me gustaba –dijo.

En opinión de mi madre, era una bebida de señoras que no bebían.

A mi madre, Francina, la única bebida que le gustaba era el agua, bien fresca y con ramitas de hierbabuena para saborearla. Si estaba enfiestada, preparaba jugos de muchas frutas y los decoraba con cáscaras de naranja o limón en flecos enrollados. A duras penas, para ponerse contenta, echaba al zumo unas gotitas de aguardiente de caña. Mi padre, en cambio, se tomaba uno o dos whiskies con mucha agua.

Cuando jugaba cartas con sus amigas, la abuela ponía encima de la mesa de juego unas copitas y una botella de ponche. Servían la bebida con unos cubitos de hielo.

En una ocasión, Mamamenchu se fue a jugar cartas con una amiga. Llevaba de regalo una botella de su bebida preferida. No permitió que mi madre la acompañara. Le dijo que sabía perfectamente dónde vivía su amiga. Después supimos que pasó horas buscando la casa y cuando se cansó de buscarla se le olvidó por qué estaba en la calle. Entró a un centro comercial y se dedicó a mirar vitrinas y a preguntar por el precio de cada cosa. Saludaba amablemente a la gente que no conocía, conversaba con las dependientas como si fueran sus amigas de siempre. Se aburrió de dar vueltas y salió del centro comercial.

En vista de que llevaban más de dos horas esperándola para empezar la partida de bridge, María Teresa, su amiga, llamó a casa.

La encontraron en un parque, muy cerca del centro comercial, dándoles comida a las palomas. Finalmente, nos la trajo una vecina que la conocía. Todavía llevaba en la cartera la botella de ponche que tomarían durante la partida.

–¿Quién no se pierde en este pueblo? –dijo la abuela a manera de excusa.

Era muy entretenido escucharla porque uno nunca sabía si hablaba en serio o en broma. Para cada cosa tenía un chiste. O una anécdota. Para que creyéramos sus cuentos, así fueran *inverosímiles* y fantásticos, siempre decía que lo que iba a contar le había sucedido durante un día lluvioso de invierno, o un día caluroso de verano, o en la más negra penumbra de una tarde de otoño. Y en ese caluroso día de verano, por ejemplo, viendo que el pavimento de las calles hervía por encima de los cincuenta grados centígrados, nos contaba, ella y unas amigas se habían dedicado en un mediodía de hacía muchos años a freír huevos en las aceras, después de lavar y limpiar el cemento. Si se les hubiera ocurrido, podrían haber asado filetes de carne, tal era el calor que se respiraba ese verano en las calles de la pequeña ciudad donde pasó algunos de los años más felices de su vida, cuando estaba vivo su difunto esposo, una pequeña ciudad a las orillas del río Grande de la Magdalena.

–¿Qué hicieron con los huevos fritos? –le preguntamos mis primos y yo.

–Nos los comimos, por supuesto –dijo–. ¿No han visto asar carne sobre piedras calientes?

Sobre la más negra penumbra también tenía ejemplos y eran, casi siempre, cuentos de apariciones fantasmales, como el sueño que tuvo siendo niña y se repitió como pesadilla durante muchos años.

–¿Cómo es el cuento de ese sueño que se repitió durante muchos años? –quisimos saber de nuevo.

–Muy simple –repitió.

Y volvió a contarnos que, siendo muy jovencita y antes de que acabaran con los ferrocarriles, porque en una época había muchos trenes de carga y pasajeros, había hecho un viaje de Cali a Buenaventura. El tren resoplaba en las subidas como un animal fatigado. El humo dejaba en el aire una sombra muy oscura. Había que cerrar las ventanillas, pues entraba el polvillo del carbón. Las locomotoras de entonces eran de vapor y muy lentas.

Sus padres bajaron en una estación a comprar dulces de leche y de guayaba y se olvidaron de que ella había bajado del vagón después de ellos. Cuando el tren anunció con un pitido la continuación del viaje, sus padres corrieron y alcanzaron los estribos a medida que el tren emprendía la marcha, sin saber que la niña se había distraído en el andén. Suponían que no había bajado del tren.

–¿Te pasó eso de verdad, abuela?

–No me interrumpas –protestó–. Ya les dije que lo había soñado.

El tren arrancó y dejó a la niña abandonada en el andén. Se fue alejando más y más hasta perderse en la distancia. Y ella lo veía alejarse a medida que la invadía el pánico. Miraba alrededor y no veía a nadie. A nadie, lo que se dice a nadie. Entraba a la sala de espera de la estación y era como si al mundo se lo hubiera tragado la tierra.

–Como el final del mundo –decía ella.

Oscurecía, recordaba la abuela. La más negra penumbra de otoño, decía, porque recordaba que las hojas de los árboles formaban colchones en las aceras vacías de aquel pueblo de fantasmas. Llegaba la noche. Finalmente, la niña que era entonces la abuela caminaba sobre las *traviesas* de la vía férrea y encontraba una casona abandonada. *Tal vez estuviera habitada*, pensó. Pero no estaba habitada. Era una casona de madera de dos pisos, con una escalera que crujía a medida que ella subía en busca de personas después de haber recorrido una sala sin muebles. Del cielo raso de madera oscura colgaban hasta el suelo telas de araña que la envolvían a medida que ella avanzaba.

No pudo subir más. Se acurrucó en un rincón, al pie de una ventana sin cristales, y cerró los ojos. Vio que un pajarraco cruzaba frente a la ventana, *graznando* como si le dolieran las plumas. Escuchó el pito de un tren y se asomó a ver si era cierto. Toda la noche oyó el pitido de un tren que nunca llegaba. *Fulminada* por el cansancio, cerró los ojos y durmió. Mientras dormía, soñaba que dormía.

–Me despertó el pito del último tren fantasma –decía al acabar el cuento–. Durante muchos años, volví a soñar que perdía el tren y me quedaba abandonada en ese pueblo de fantasmas. Me imaginaba el tren, sin pasajeros ni maquinista, yendo a toda velocidad hacia ninguna parte.

Algunas de las palabras que la abuela usaba eran difíciles de entender. A mí me *fascinaban* aunque no las entendiera. Tenían música. Como cuando escuchaba: *un día lluvioso de invierno*, *un caluroso mediodía de verano*, *la más negra penumbra de una tarde de otoño*.

–Mañana fue sábado –le escuché decir una tarde.

Era la frase más misteriosa que había escuchado jamás.

Quise averiguar dónde estaba el misterio de esa frase, pero supe que su misterio era tan grande que lo mejor era creer que, en efecto, mañana fue sábado.

Confundía los colores. El rojo era verde y el amarillo, gris.

Seguí creyendo durante mucho tiempo que este era otro de sus juegos, confundir los colores. Todavía pienso que lo es: confundir los colores cambia muchas cosas, como confundir las palabras. Cambia, por ejemplo, el estado del tiempo. Si un día es oscuro, uno piensa en la noche. Si es claro, piensa en el sol y en el día. Si se dice que es sábado siendo miércoles, uno siente que empieza otro fin de semana. Y si a la abuela le diera por confundir la noche con el día, se armaría el lío más grande del mundo.

¿Se imaginan? Pensaba que si la mayoría de nosotros dijera como la abuela que el rojo era verde y el amarillo, gris, eso sería lo correcto. Nadie nos pondría en ridículo por decir que el rojo era verde.

Pero si confundiera la noche con el día, nadie puede imaginarse lo que pasaría.

Me inquietó durante un tiempo este problema.

Fue cuando empecé a oír, cada vez con más frecuencia, la palabra *laguna*. Hasta que un día escuché la frase que explicaba el uso de esa palabra y adiviné el sentido que tendría en las conversaciones de familia. ¿Una laguna?

–Es como ir de 1 a 5 sin pasar por 3 y 4 –trató de explicarme mi padre, en ingeniero.

–No entiendo.

–Vas desde A hasta Z, como si fuera una línea, ¿me entiendes? –hacía una pausa–. Vas bien hasta llegar a J, pero, de repente, pegas un salto de K hasta S. Mejor dicho, interrumpes el curso de la línea. Creas un vacío, pero piensas que has seguido todo el curso de la línea.

–¿A eso le llaman laguna?

–Todos nos perdemos un día u otro en las lagunas de la memoria –dijo mi padre–. Pero una cosa es perderse por un momento y otra muy distinta empezar a sumergirse dentro de ellas.

–¿Cuál es la diferencia entre *perderse* y *sumergirse*? –le pregunté.

–El que se sumerge una vez volverá a sumergirse cada vez más al fondo –respondió–. Es como los buceadores: siempre van más al fondo del mar.

–¿Quieres decir que la abuela se está saltando el curso de la línea que va de A hasta Z? –le pregunté, casi segura de haberlo comprendido.

–A veces –aceptó mi madre–. A veces va por la F y pega un salto hasta Q, pero si le preguntas qué había antes de F, no dice que E ni D porque recuerda solo B.

–No me enredes –se defendió mi padre–. Trato de explicarte lo que es una laguna.

5

La abuela pasó otra larga temporada en nuestra casa y regresó de nuevo al pueblo. Decía que le encantaba la ciudad pero que, después de unos días, le pesaba en las espaldas como si cargara un bulto lleno de piedras. La gente, además, andaba corriendo de un lado a otro como si fueran a hacer algo importante.

–Va uno a ver –decía riéndose– y no van a ninguna parte.

Necesitaba regresar a la paz de su casa. Había pasado el último año entre idas y venidas del campo a la ciudad, pero esta vez no regresó sola. Entre todos la llevamos. Digo entre todos porque la tía Esmeralda, su marido Arturo y mis dos primos nos acompañaron en su camioneta para llevarla de vuelta.

Volvió a vivir una breve temporada muy cerca de sus árboles *frondosos* y del riachuelo de aguas frías y transparentes. Yo recordaba ese pueblo por su olor a leche fresca y a boñiga de vaca, a eucaliptos y a naranjos en flor. Bastaba asomarse a la puerta de la casa o abrir las ventanas para sentir el perfume de los naranjos en flor.

–Azahar –me sopló al oído mi padre el día en que traté de recordar el perfume de los naranjos en flor.

Lo único que la abuela no volvió a hacer fue pasear por el monte, como lo había hecho siempre, atravesando el sendero que llevaba al riachuelo y al lugar secreto de sus citas con el abuelo. Parecía no haber olvidado el episodio de los muchachos muertos. No hablaba de esta terrible historia, pero es muy posible que la mantuviera viva en sus recuerdos.

Pasaron algunos meses sin novedad. Hermenegilda llamaba cada día y daba el parte de normalidad. Contaba que habían salido de paseo al pueblo vecino, montadas en una carreta tirada por un burro; decía que habían ido a visitar a su hija, ahijada de la abuela, que vivía a dos horas de allí.

–Hoy no paró de hablar –dijo un día.

»No ha abierto la boca en toda la mañana –dijo al día siguiente.

»Nos pasamos toda la tarde hablando de los viejos tiempos –informó antes de acostarse a dormir.

»Me preocupa mucho su cambio de apetito –dijo preocupada–. Se ha vuelto muy caprichosa con la comida.

La abuela había sido siempre parlanchina, decía la tía Esmeralda. Después, como se demoraba tanto buscando las palabras que necesitaba para construir una frase, decidía no perder más tiempo y se quedaba callada. Una vez encontradas las palabras que había perdido, volvía a hablar entusiasmada.

Hermenegilda decía que Mamamenchu se encerraba en su cuarto más de lo acostumbrado y que la veía a menudo con los ojos abiertos, dirigidos hacia ninguna parte. Le recordaba que por la mañana habían planeado preparar juntas una torta de chocolate con nueces para el postre del almuerzo y la abuela le respondía que no tenía ganas de comer torta de *arándanos*.

Hermenegilda no sabía lo que eran los tales arándanos. Cocinaba para la abuela, pero resultaba que ella no tenía apetito y mucho menos ganas de comer esa sopa de papas con pollo y alcaparras que llamamos ajiaco y, menos aún, ganas de echarle encima crema de leche.

–Pero si es el ajiaco que tanto le gusta, Mamamenchu.

–¿Ajiaco? –se quedaba dudando–. Nunca oí hablar de ese postre.

Al rato, pedía que le sirviera un poco en un platico, pero sin alcaparras ni crema.

–¿Te acuerdas, Herme, del día en que hicimos juntas ese viaje en barco? –le preguntó un día.

–Mamamenchu –le respondió ella–, usted y yo nunca viajamos en barco. Si no recuerdo mal, un día dimos un paseo en burro y nos perdimos en el camino. Tuvimos que regresar a casa arrastrando a los burros de las riendas. Un campesino nos dijo que esos burros no estaban acostumbrados a cargar mujeres. ¿Se acuerda?

–¡Claro que sí! –le respondió ella–. De Honda bajamos por el río hasta Barranquilla. Bajamos y subimos juntas en el mismo barco. Nos fuimos a bañar a las playas de Puerto Colombia. ¡Cómo me encantaba ver las ruedas de ese barco! ¿Te acuerdas, Herme?

Hermenegilda decidió no llevarle la contraria. No solo le seguía la corriente. Le añadía detalles a las experiencias que la abuela decía haber tenido en esos viajes. Le hablaba de los caimanes que tomaban el sol en las orillas del gran río; de los inmensos pájaros de colores, de alas tan grandes como las de los aviones, que se posaban en la copa de los árboles; de los indios que salían vestidos con *parumas* a saludar a los viajeros. Le habló de una tempestad marina en plena desembocadura del río y de los tiburones blancos que paseaban sus aletas muy cerca de la orilla. De los transatlánticos blancos de donde bajaban pasajeros como si fueran expulsados desde el vientre de una ballena.

–¡No me confundas, Herme! –protestó un día la abuela–. Eso que me cuentas lo viste en una película.

–¡No me confunda usted! –replicaba Herme–. Yo nunca viajé con usted en ningún barco.

Se peleaban y se reconciliaban. Dejaban de hablarse todo un día y se comunicaban con señas o con papelitos que dejaban encima de las repisas de la sala y la cocina.

–Yo a usted no le hablo –le decía la abuela a Hermenegilda.

–Yo a usted no le contesto ni una palabra –respondía su amiga la empleada–. Y ya es hora de que sepa que a los mayores se les respeta –protestaba Herme.

–¿Mayor usted?

–Sí, señora –le respondía orgullosa–. Le llevo trece o catorce años. Usted no se acuerda: me tocó cambiarle los pañales.

Por la noche, antes de dormir, se acercaba a la abuela y le pedía que hicieran las paces. Para celebrarlo, cenaban chocolate con arepas de queso.

–Comencé a verle últimamente una expresión de *melancolía* que no le había visto antes –les dijo Herme a mis padres.

Supe, y lo comprobé yo misma, que la abuela empezaba una frase, la suspendía, buscaba la palabra y, ¡pum!, se llevaba la palma de la mano a la frente como diciendo que ya no podría encontrar la palabra perdida. Se quedaba largas horas en silencio y revivía con entusiasmo, interviniendo en las conversaciones de familia. Durante un tiempo le dio por decir en voz alta una palabra y enumerar inmediatamente después los sinónimos. Repetía en voz alta el nombre de países y sus capitales. Si alguien la sorprendía haciendo estos ejercicios, decía que eran juegos para mantener caliente la memoria. Repasaba el nombre de los ríos de Europa desde el Tajo, en Lisboa, hasta el Moscova, en Moscú. Para que el ejercicio fuera más duro, dibujaba el mapa de América desde el Río Bravo hasta el Río de la Plata, separando a México de Estados Unidos. Era como si alguien le hubiera impuesto esa tarea. Últimamente, decía Hermenegilda, se confundía un poco en las fronteras de los países.

–La Patagonia queda al sur y no al norte de ese mapa –se atrevió a corregirla Hermenegilda. Había aprendido geografía en las lecciones de la abuela.

–Le digo que al norte y se acabó –se emperró la abuela y Herme decidió aceptar el error. Más tarde, le dijo a mi madre, la abuela se había excusado con ella y le había dicho que, en efecto, la Patagonia quedaba en el extremo sur del mapa de América.

–¡Qué bueno cuando podía hablar de corrido! –se reía, burlándose de sus olvidos.

Mi padre decía que la abuela bromeaba porque no encontraba la palabra que buscaba, no recordaba el nombre de una de sus mejores amigas o se le escapaba la fecha de su cumpleaños. Todavía era capaz de jugar con trabalenguas, de hablar al revés, ordenando las sílabas de las palabras de atrás hacia adelante, pero se veía que el esfuerzo era tan grande que acababa desesperándose al final del juego.

–Yo ya no estoy para eso –decía al sentirse derrotada por la dificultad de seguir jugando a lo que había jugado toda la vida–. ¿Oy ay on yotse arap ose! –exclamó con rabia al sentirse incapaz de ordenar al revés una frase larga.

Entonces repetía la misma frase:

–¡Qué bueno cuando podía hablar de corrido!

–Eso nos pasa a todos –la tranquilizaba mi madre–. Las palabras se vuelven *esquivas*.

–¡Cómo no! –le replicaba la abuela–. Las palabras, los nombres de las amigas, el día de cumpleaños, el lugar donde dejé las llaves. Muchas cosas se vuelven esquivas y las perdemos para siempre.

Bromeaba con sus pequeños olvidos.

Una noche, papá y mamá estaban acostados viendo un programa de televisión. Nunca dormían con la puerta de la habitación cerrada con seguro. Apenas la ajustaban. Y esa noche, mientras mis padres veían la televisión, la abuela entró al dormitorio completamente desnuda. Llevaba puesto un gorro de baño en la cabeza y una toalla colgada de uno de los brazos. Acababa de bañarse.

Mis padres no supieron qué hacer.

La abuela se dirigió directamente al armario y se puso a buscar entre la ropa. Ni siquiera se había dado cuenta de que su hija y su yerno estaban delante de ella. Ni siquiera parecía percatarse de que la televisión estaba encendida. Buscaba y buscaba en el armario. Parecía molesta. Sacaba ropa, la miraba, se la probaba encima del cuerpo y la tiraba al piso. Le daba rabia no poder encontrar la ropa que buscaba.

Mis papás me contaron después que, muerta de la rabia, la abuela se quitó el gorro y lo botó al suelo, y estuvo zapateando furiosa sobre gorro y toalla. ¡Imagínense! Una mujer de ochenta años, zapateando desnuda sobre un gorro de baño y una toalla.

Mamá le llamó la atención. Como papá no sabía qué hacer delante de su suegra, se levantó de la cama y, sin hacer ruido, se metió al cuarto de baño para dejar que mamá arreglara la situación.

–¿Qué le pasa, mamá? –preguntó mi madre, levantándose de la cama y tratando de cubrir con una colcha el cuerpo desnudo de la abuela.

–No sé quién diablos esconde mi ropa.

Mamá no sabía qué responderle. No quería llevarle la contraria.

La abuela no estaba disgustada porque le escondieran la ropa sino porque algún extraño estaba guardando ropa en su armario. «En la cosa esa grande de madera donde guardo mi ropa», repetía porque no recordaba que esa cosa se llamaba armario.

–En esa cosa donde se mete la ropa –dijo malhumorada.

Se dejó cubrir con la colcha.

–Está haciendo frío, mamá –le dijo mi madre al arroparla–. Se puede resfriar.

–Yo no tengo frío –protestó ella–. ¿Quiénes son ustedes?, ¿qué hacen en mi cuarto? –dijo molesta–, ¿quién les dijo que se acostaran en mi cama?

Mamá se entristeció mucho.

–Les advierto una cosa –dijo al serenarse–. Odio que metan ropa ajena entre mi ropa.

La familia se reunió después de estos incidentes y se decidió que lo mejor sería no dejar sola a la abuela en una casa de campo aislada del mundo y con muy pocos vecinos. Acordaron que se fuera a vivir un tiempo con la tía Esmeralda.

–Un tiempo –dijo mi madre.

Después pasaría otra temporada en nuestra casa. A mi papá lo iban a trasladar a Cartagena de Indias y yo estaba feliz de vivir frente al mar, así que mis padres y la tía se pusieron de acuerdo en otra cosa: Mamamenchu viajaría con nosotros.

–Abuela –le dije–: nos vamos a vivir cerca del mar.

–¿Me van a dejar tirada en esa finca?

–No –le respondí–. Tú te vienes con nosotros. Vamos a vivir frente al mar.

–El mar –repitió–. Hace mucho tiempo que no pruebo el agua de mar. Es salada, ¿verdad?

En esta época, antes de nuestro viaje a Cartagena, vivía ya en el apartamento de la tía Esmeralda. Poco a poco, sin embargo, empezó a tener problemas con ella. Y no solamente porque cada día se le olvidaran más las cosas, sino porque Mamamenchu no quería obedecer las órdenes estrictas de su hija. Yo no supe muy bien de qué órdenes estrictas hablaban mis padres.

Al parecer, la tía había ordenado que no la dejaran salir si ella y su marido no se encontraban en casa, ni siquiera acompañada; que no le pasaran las llamadas de las amigas, si la llamaban, porque el teléfono la ponía nerviosa.

Me imagino que sucedieron cosas más desagradables entre la abuela y la tía Esmeralda pero mis padres preferían no hablar de eso. Por respeto. Entendí que de un día para otro se puso más difícil la relación, que la abuela no hacía por sí misma algunas cosas esenciales, que enmudecía con más frecuencia o que sus malos humores duraban días enteros y la tía no tenía tiempo ni paciencia para entenderla.

Como verán, no era fácil explicar por qué mi padre había dicho que, en esa época, la abuela era la mujer más feliz del mundo.

–La más feliz y la más libre porque hacía lo que quería –dijo mi padre–. Nada de lo que ella hacía le daba vergüenza –añadió–. Si le daban ganas de bailar sola, bailaba; si deseaba tomarse una copa de ponche, abría la botella y se sentaba en el sillón con las piernas estiradas. Llamaba por teléfono a las amigas, iba al cine con ellas; en fin, era libre y feliz.

–¿Es uno feliz cuando hace las cosas libremente? –le pregunté.

–No siempre –respondió él–. Depende.

¿Ven? Si las cosas se complican, lo que se dijo no es lo que se quería decir. Eso pensé cuando escuché el «depende» de mi padre. Al complicarse las respuestas, se cambian las preguntas.

¿Cómo así que «no siempre» es uno feliz si hace las cosas libremente? Muy complicado el asunto, tan complicado que lo escribí en mi libreta de apuntes.

¿No les había dicho todavía que tengo una libreta de apuntes?

6

Mi cuarto quedaba en el segundo piso de la casa, al fondo del pasillo, después del cuarto de mis padres. Todos los cuartos del segundo piso tenían ventanas que daban al jardín. Si el viento soplaba fuerte, las ramas de los árboles se mecían. Yo me imaginaba que el movimiento de las ramas era parte de una película.

Las ramas de los árboles moviéndose con fuerza y golpeando los cristales de las ventanas, el aguacero *implacable* cayendo sin parar, truenos y relámpagos durante toda la noche. Lo que se dice una noche fantástica.

Salía al jardín, mejor dicho, me imaginaba saliendo al jardín en medio de la tormenta; escuchaba el silbar del viento como si fuera el quejido de pequeños monstruos nocturnos y buscaba refugio debajo de un cobertizo, sin poder huir del estruendo de la tempestad. Quería pedir ayuda, pero nadie acudía a auxiliarme. Me quedaba amarrada al *cobertizo* hasta que disminuía el aguacero.

El día clareaba.

Había estado soñando.

Siempre me pregunté por qué a los niños les gusta imaginarse cosas que dan miedo. Le tienen miedo al miedo y les gusta imaginarse que viven dentro de las historias de miedo. Yo, por ejemplo, leía cuentos y me metía en el castillo de los monstruos; entraba a la cueva de los dragones que arrojaban llamas por la boca; imaginaba que buscaba el nido de las serpientes para saber lo que se sentía cuando las tenía muy cerca; acechaba al lobo en el bosque antes de que apareciera la pobre Caperucita; creía que me quedaba encerrada en la madriguera de Alí Babá y sus cuarenta ladrones; veía desde mi escondite el brillo de las joyas robadas y pensaba que una de esas coronas de diamantes podría brillar un día en mi cabeza; gritaba de miedo al ver la persecución de los dinosaurios a los hombres en el *Parque jurásico;* escuchaba a Scheherazade y pensaba que el sultán saldría del hechizo de los cuentos interminables y la degollaría como había hecho con otras mujeres.

No me contentaba con leer y ver de lejos lo que sucedía. Prefería meterme como personaje en cada historia. Y eso daba miedo. Nada le gusta tanto a un niño como que le metan miedo.

Les decía que mi cuarto quedaba en el segundo piso. El de la abuela, en cambio, quedaba en el primero. Digo el cuarto de la abuela porque antes de que se viniera a vivir a nuestra casa, le tuvimos reservada una habitación propia. Era un cuarto grande, con ventanas que daban al jardín, protegidas con rejas metálicas detrás del cristal. Todo el piso estaba alfombrado. Mi papá lo hizo alfombrar especialmente para ella. Y para que durmiera en una cama cómoda, mi mamá mandó cortar las patas a una muy vieja, de madera fina, para que, al sentarse, Mamamenchu pudiera tocar el suelo con los pies.

La luz de ese cuarto me gustaba porque no se parecía a la luz del día. No es que el cuarto estuviera en penumbra. No, tenía siempre una luz muy amable. Día y noche, todo el tiempo, esa luz permanecía encendida y se veía como si pasara por un velo.

Lo que no sabía era por qué quitaron durante un tiempo el espejo del cuarto de baño. Se lo pregunté a mis padres y me dijeron que lo habían quitado porque la primera vez que la abuela vio su propia imagen, se asustó. Se paraba delante del espejo y se asustaba si veía un rostro que ella no reconocía como el suyo, decía mi mamá. ¿Le hacía muecas al espejo? Habría sido muy divertido verla haciéndose muecas. Tal vez se preguntara por qué esa desconocida hacía exactamente lo mismo que ella hacía.

Una mañana, después de levantarse, llamó a gritos a mis padres.

–¿Qué me está pasando? –gritó–. ¡Quítenme estas arrugas de la cara!

Se pasaba las palmas de las manos por el rostro, se estiraba la piel y repetía que le habían aparecido arrugas de la noche a la mañana.

–Tranquila, mamá –le dijo mi madre–. Debe ser

la luz que hay en su cuarto de baño. Además, todos tenemos arrugas.

La abuela reaccionó con *escepticismo*. No parecía muy convencida de los argumentos de mi madre. Para tranquilizarla, mamá le compró cremas antiarrugas y humectantes, un gel que estiraba por unos segundos la piel. Ella misma se dedicó a aplicarle esos mejunjes y la abuela aceptó que tal vez el problema fuera de la luz que se filtraba por el cristal y producía esa sensación de arrugas en la piel.

Unos días después protestó porque le habían quitado el espejo.

–Aunque estoy vieja y ya no soy bonita, todavía no me asusta mirarme en el espejo –le dijo a mi madre–. Tengo que aceptar que me están saliendo arrugas.

Se tomaron algunas precauciones. No eran diferentes de las precauciones que se toman cuando hay un niño que gatea y corretea por una casa. Y una de las precauciones era mantener siempre con llave la puerta de la calle.

Esta medida no fue suficiente. En dos ocasiones, aprovechando un descuido de mis padres o de la empleada, la abuela salió por esa misma puerta y no encontró el camino de regreso.

En esa época, nadie pensaba que la abuela estuviera enferma. Mi mamá, por ejemplo, olvidaba dónde había dejado las llaves del carro, buscaba sus gafas donde no las encontraría nunca, protestaba porque alguien había cogido el libro que estaba leyendo y resulta que lo había dejado en el cuarto de baño; se le olvidaban las cosas, como a todo el mundo. Y eso no quería decir que estuviera enferma y menos a los cuarenta años.

Sucedió entonces algo mucho más serio que un simple olvido: una mañana, la abuela salió de nuestra casa sin avisar, *furtivamente*, como dijo mi padre. Debió de haber recordado su visita a los almacenes del centro comercial cercano al parque donde la encontraron la última vez. Y se dirigió para allá, no se sabe cómo. Caminando, quizá. El hecho es que cuando mis padres advirtieron que la abuela había salido de la casa sin avisar, y por la misma puerta de siempre, salieron a buscarla.

¿Dónde podía estar?

–En el parque –dijo mi madre.

La buscaron en el parque, inútilmente.

Mamá recordó que la abuela le había hablado de una ropa de verano muy bonita que había visto, en su paseo anterior, en la *boutique* de un centro comercial.

–En el centro comercial –dijo mi padre–. Busquémosla allá.

Después de dar vueltas en corredores de los tres pisos, de subir y bajar escaleras mecánicas, de preguntar desesperadamente si habían visto a una mujer que correspondía a las características de la foto, de hacerla llamar por los altavoces y de averiguar en tiendas de ropa femenina, les llamó la atención el tumulto que se hacía a la entrada de una famosa *boutique*.

Entraron atropellando a los curiosos. Y allí estaba la abuela, discutiendo con las dependientas, con el gerente de la tienda y con los guardias de seguridad. Tenía todavía en el brazo, colgada como un trofeo, la ropa que había querido sacar del almacén. Y lo más bonito de esa ropa era el traje de gitana, un traje de seda roja con lunares negros. Insistía en que esa ropa era suya. Suya era también la casa donde había visto exhibida la ropa.

La quisieron *persuadir* para que dejara la ropa, pero ella se empecinaba en decir que no tenía por qué pagar una ropa que era suya. ¿Por qué querían quitarle su vestido de bailar flamenco? Se ganó unas cuantas simpatizantes a su causa. La verdad es que la gente se reía respetuosamente de ella pero, al mismo tiempo, la apoyaba. Sobre todo cuando trataron de llevarla a una oficina de seguridad y entregarla a la policía.

Todo esto había sucedido antes de que mis padres llegaran al almacén.

Les tocó aclarar la situación y convencer a la abuela de que esa ropa no era suya.

–Su vestido de gitana, mamá, lo tenemos guardado en casa.

Al regreso, la abuela no quiso responder a ninguna pregunta. Simplemente dijo:

–¡Cada día se cometen más injusticias en el mundo!

Como les dije, era muy entretenido escuchar a la abuela porque uno nunca sabía si hablaba en serio o en broma. Para cada cosa tenía un chiste. O una anécdota. Hablaba con su voz firme y suave. –No sé –le volvió a decir a mi madre–, pero estoy segura de que esta no es mi casa.

En cierto sentido, Mamamenchu tenía razón: esa no era su casa, era la nuestra, hacía meses que ella había dejado de vivir en la suya.

Una semana después se prendió la segunda alarma; se prendieron la tercera, la cuarta y muchas más alarmas. Olvidaba a menudo los números de teléfono que se sabía de memoria, el lugar donde guardaba las joyas, el uso de la pasta de dientes. Todo esto empezó a complicarse. Quería pasar todo el día en pijama o acostarse con la ropa que llevaba puesta. Seguía hablando, por supuesto. Y a medida que hablaba, se prendían nuevas alarmas. Les preguntaba a mis padres qué íbamos a almorzar ese día. Mi madre le decía que una crema de brócoli y un bistec a la plancha acompañado de habichuelas hervidas, y ella aprobaba el menú. Pasaba un minuto y hacía la misma pregunta.

–¿Qué es lo que vamos a almorzar, m'hija?

Al hablar de episodios como estos, mi padre repitió algo que me había dejado pensando durante muchos días. Dijo que en esa época la abuela parecía la mujer más feliz del mundo. Sin embargo, debíamos prepararnos para lo que viniera después. Entonces yo me imaginé a la abuela sumergiéndose poco a poco en su laguna. No perdiéndose sino sumergiéndose. Sumergiéndose aún más en las aguas. A veces eran aguas azuladas, otras veces eran aguas turbias. Había días en que la imaginaba nadando encima de aguas muy mansas. Y otros días me parecía que se hundía en la oscuridad de aguas revueltas y sucias. Salía a flote y se hundía.

7

La abuela no corría ningún peligro en nuestra casa, repetía mi madre cada vez que la teníamos de visita. Se lo decía a la tía Esmeralda para recordarle que cuando la abuela pasara la temporada prevista en su casa, podría venirse sin problemas con nosotros. Aunque no estaba nunca sola, había que tener cuidado con ella. Donde menos peligros corría era en el jardín y tal vez por eso era el lugar donde más tiempo pasaba cuando llegaba de visita, a la sombra del quiosco que papá construyó para tomar el fresco en los días soleados. Yo no creo que por no poder abrir la puerta de salida hacia la calle se sintiera prisionera. Si la tía pedía que se la tuviéramos uno o dos días porque ella tenía turnos de trabajo hasta muy tarde, la llevábamos a las reuniones de amigos, iba con nosotros al cine, salíamos de paseo a pueblos vecinos, comíamos todos en la mesa, en fin, hacía con nosotros la vida normal de una familia. Escuchaba o hacía que escuchaba la conversación de los demás y, de pronto, interrumpía con una expresión de fastidio:

–¿Podrían hablar de algo menos aburrido?

Mis padres no hablaban de su enfermedad delante de mí o de las visitas. Ella estaba allí, sencillamente. Y gracias a ese misterioso silencio, les hice la siguiente pregunta:

–¿Creen ustedes que la vejez es una enfermedad?

Mi padre se quedó pensativo; mi madre no atinó a decir ni una palabra.

–La vejez no es una enfermedad –dijo mi padre–, pero muchas enfermedades aparecen con la vejez.

–Esto va a ser muy duro para Alexandra –le oí decir a mi padre una noche.

–¿Cómo vamos a explicarle la enfermedad de mi madre? –le preguntaba mi mamá.

Hablaban de mí en voz baja. Decían que había que tener mucho cuidado conmigo. Sabían muy bien que la abuela me adoraba y que yo la adoraba a ella. Por eso había que tener mucho cuidado.

¿Cuidado por qué?, me preguntaba yo.

¿Porque iba a perderla?

¿No perdemos algún día a la gente que amamos?

¿No había dejado de ver a mis amiguitos de la escuela primaria? ¿No se le había muerto el papá a mi amiga Teresa?

Decidí no seguir pensando en estas cosas. No me gustaba tanto misterio alrededor de la abuela. Mucho menos el misterio que les ponían a las enfermedades.

Si algún amigo de visita preguntaba por Mamamenchu, mis padres respondían lo mismo:

–Ahí, más o menos.

Si alguno quería verla y saludarla, mentían:

–Está durmiendo.

Pero no siempre les salía bien la mentira.

Una tarde, la abuela apareció en la sala emperifollada, lista para recibir la visita. Se asomó, saludó y desapareció. «Ya vuelvo», dijo. Volvió a aparecer, esta vez decidida a quedarse, mostrando su mejor sonrisa y sus mejores alhajas. Entonces mis padres tuvieron que hacer hasta lo imposible para que no interrumpiera la conversación y saliera con alguna de las suyas.

La abuela se convertía entonces en el centro de las reuniones. La gente se divertía con sus cosas.

Hablaba y hablaba como siempre había hablado, mucho y con pausas, y nadie pensaba que estuviera verdaderamente enferma. Se le olvidaban las cosas, como a todo el mundo, hasta que llegó el día en que, según mis padres, marcó el comienzo de algo muy delicado.

Empezó a sumergirse en sus lagunas. Ya les dije, esta frase me gusta: sumergirse en la laguna más profunda. Y la laguna que me imaginaba era en verdad un lago de aguas profundas y azules, un lago con orillas en las que crece una vegetación cuyas ramas y hojas se inclinan en el agua y se sumergen hasta el fondo. Un lago azul donde se pescan truchas con la mano. Son tantas las truchas que viven en el lago, que es fácil pescarlas con una red para cazar mariposas.

–¿Cazar truchas? –me preguntó mi padre.

–No, pescar mariposas –le respondí.

–Todo lo de la abuela había empezado a preocuparnos –repetía mi madre al evocar aquella época.

–Fue la mujer más feliz del mundo –repitió mi padre.

¿La mujer más feliz del mundo?

La felicidad se acababa para mí cuando la tía venía a llevarse a la abuela a su casa.

–No me quiero ir –protestaba la abuela al ver que le hacíamos la maleta.

–No me gusta estar yendo y viniendo de un lado a otro como una gitana –se quejó al ver a la tía Esmeralda.

–No se preocupe, mamá –le decía mi madre en voz baja–. Dentro de poco se vendrá a vivir con nosotros. Además, Esmeralda, Arturo y los niños quieren que pase unos días en su casa. Todos la queremos mucho.

8

¿Quieren saber lo que escribí en mi libreta?

No es un rompecabezas.

Escribí: si mi papá dice que la abuela era feliz porque hacía libremente lo que quería, toda persona es feliz cuando hace las cosas libremente. Sin embargo, mi papá dijo que «no siempre».

¿Cuándo, entonces? ¿Cuándo se es feliz haciendo las cosas libremente?

Todavía no he podido encontrar respuesta a estas preguntas.

Si este capítulo es tan corto, si ocupa a duras penas una hoja, es porque quiero que quede en un lugar aparte y exclusivo lo que escribí en mi libreta de apuntes.

No sé si más adelante escribiré un capítulo más corto que este. Lo que sí sé es que no seré yo quien lo decida.

Yo no decido, escribí en la libreta.

9

Un día, sin consultar con nadie, la tía Esmeralda decidió internar a la abuela en una residencia para ancianos. Geriátrico, debería decir, pero no me gusta esa palabra. Este es uno de los episodios más oscuros en la historia de la abuela y uno de los episodios que más me cuesta escribir porque no quiero que me malinterpreten ni quiero herir a nadie, y menos aún a quienes quiero muchísimo. La tía reunió a mis padres y les dijo que la abuela necesitaba pasar unas vacaciones y que había encontrado el lugar preciso. Ya había hecho los arreglos del caso, había visitado la casa donde mujeres como la abuela pasaban sus días de descanso, atendidas por médicos y enfermeras especializados. Aprovecharía para pedir unos chequeos médicos, en la residencia había especialistas en todo, nutricionistas y psicólogos, fisioterapeutas e internistas; tomaban baños especiales con yerbas que estimulaban el *sistema cardiovascular*, se respiraba un ambiente de reposo y camaradería que le encantaría a la abuela.

¿Por qué la llevó a ese asilo sin consultarlo con nadie?

¿Porque era mala persona?

No, la tía no era ni es mala. Hacía cosas que parecían malas porque creía que todo lo que ella hacía era lo correcto. Hacía cosas que a ella le parecían buenas, aunque el resto de la gente le dijera que eso no estaba bien. Quería tanto a la gente, que la asfixiaba de amor. A sus hijos, a su madre, a su esposo Arturo. A nosotros.

La tía quería y protegía tanto a la gente, me dijo un día mi padre, que los aplastaba y asfixiaba. Eso fue lo que les escuché decir. Al oírlo, me imaginé a la tía Esmeralda convertida en una gallina de plumas muy vistosas que pone sus huevos y, para protegerlos, se sienta encima de ellos.

Y ¡pum!, los revienta.

Mis padres supieron que aquella no era una casa de reposo sino una residencia de ancianos y pusieron el grito en el cielo.

La tía Esmeralda dijo que la residencia era el lugar donde debían estar los ancianos, que la gente que atendía a los viejitos sabía hacerlo muy bien. Y en esto nadie le quitaba la razón. Repetía que médicos y enfermeras habían estudiado para eso y tenían experiencia en cuidar a los viejitos, pero resulta que Mamamenchu no era «una viejita» ni le habían preguntado si quería irse a vivir con desconocidos.

La tía argumentaba que allá todos se hacían compañía, que estaban entre viejos, y entre viejos se entendían mejor.

¿Quién le dijo que eso era cierto?, me habría gustado preguntarle.

A uno le hacen compañía las personas que conoce. Uno puede conocer a nuevas personas, no lo dudo. Pero para hacerse compañía se necesitan otras muchas cosas.

–Amor, por ejemplo –dijo mi madre.

Un día que mis padres fueron a visitar a la abuela, ella les suplicó que la sacaran de esa casa de locos. No era en verdad una casa de locos, era una residencia de ancianos, pero la abuela estaba convencida de que aquella era una casa de locos.

–Sáquenme de aquí –les pidió a mis padres–. No sé a quién se le ocurrió meterme presa en este manicomio.

Mi madre recuerda que, durante un tiempo, mientras permaneció en aquella residencia, Mamamenchu tuvo frecuentes pesadillas. Contaba que estaba presa en esa casa, que los ancianos de los cuartos vecinos no la dejaban dormir. Si empezaba a dormirse, a los ancianos les daba por la gritería. Se dormía al cabo de unas horas y esos hombrecitos llegaban al sueño como demonios fruriosos. *Fruriosos*, dice mi madre que dijo la abuela. Demonios *fruriosos*. Le arrebataban las cobijas, la sacaban de la cama, la rodeaban y querían clavarle en el cuerpo sus uñas filosas, esmaltadas como cuchillos de plástico. No tenían ojos, algunos no tenían nariz, y los que tenían boca dejaban ver unos colmillos espantosos. Había entre todos uno muy necio, el más necio de todos: llegaba a la puerta del cuarto y le disparaba agua helada con una manguera. El agua era negra o morada. Soñaba que llegaban y le quitaban las sábanas y las cobijas y la envolvían en ellas antes de sacarla a los pasillos y llevársela a los sótanos, donde había más viejitos llevados a la fuerza.

–No me quieren –decía–. Me hacen maldades.

No le hacían nada. Sus compañeros eran tan inofensivos como ella. Pero como no le gustaba ese lugar, se imaginaba lo peor. Si a uno no le gusta algo, se imagina que es lo peor de lo peor.

Un día les contó a mis padres que había oído decir que en esa casa había un sótano para castigar a los desobedientes, que a algunos viejitos los llevaban al sótano por haberse portado mal y regresaban mansitos y ya no volvían a abrir la boca ni a moverse de su silla, que les daban un brebaje de demonios o les aplicaban inyecciones para aquietarlos. Salían de allí todos quietitos. Se sentaban en su silla del corredor o a tomar el sol de la mañana con la cabeza agachada, echando babas por la boca.

–Algunas de esas mujeres –le dijo a mi madre– quieren hacerme daño.

Ella creía que le hacían maldades porque le tenían envidia. Y ninguna le tenía más envidia que la que estaba todo el tiempo rezando. Todo el santo día. Terminaba un padrenuestro y seguía con un avemaría. Rezaba un rosario y empezaba con una especie de *jaculatoria*. Miraba a todas las mujeres como si fueran condenadas. Si le preguntaban algo, respondía con un misterio del rosario. Rezaba en latín y en ladino. Le hablaban y respondía atentamente con frases de oraciones.

–¿Qué lengua es esa, el tal *ladino*? –le preguntó mi madre para calmarla un poco.

–¡Lengua de judíos de Constantinopla expulsados por los Reyes Católicos de España! –respondió. Y les explicó que los judíos expulsados de España se habían regado por todo el mundo, que hablaban un idioma llamado ladino y que algunos se habían convertido a la religión católica para que no los persiguieran. Muy seria, como quien da una lección de historia a sus alumnos, dijo que a esos judíos los llamaron *marranos*. Ella creía que la mujer que decía oraciones en ladino era descendiente de marranos.

¿Por qué le tenían envidia?

Porque no era tan vieja ni se pasaba todo el día con los ojos puestos en la pantalla del televisor.

–Me gusta la televisión –les dijo a mis padres–, pero me gusta más si está apagada.

Mis padres creyeron que era un chiste. Y si era un chiste, eso quería decir que la abuela estaba de muy buen humor y era consciente de todo lo que le sucedía.

No era un chiste.

Una noche tuvo un agarrón tremendo porque dos de los pacientes se sentaron en la sala y encendieron la televisión. Eso contó una de las enfermeras.

La abuela protestó porque le cambiaron el programa sin preguntarle. Le cambiaron el programa porque prendieron el televisor. Ella estaba feliz con la pantalla en blanco. Viendo nada. Era feliz viendo nada.

–Soy inmensamente feliz cuando la pantalla es blanca como la nieve –dijo.

Le dijo a mi madre que no le gustaba ver a esas mujeres sentadas todo el día haciendo nada y mirando hacia ningún lado. Las sentaban en una silla y no se movían de allí hasta que no las movían. Y lo que le gustaba menos era algo que nadie había observado: que la casa tenía un jardín sin árboles y una tapia de cemento muy alta que impedía la vista.

¿A quién se le ocurría hacer un jardín sin árboles?

–Un jardín sin árboles es como un río sin agua.

De la época que Mamamenchu pasó en casa de la tía Esmeralda, no sé casi nada porque de eso no se hablaba. Lo poco que supe me lo dijo la enfermera que le pusimos a la abuela al regreso de Cartagena. Me dijo que la abuela había pasado cuatro meses en el geriátrico, los peores meses de su vida.

–¿Cómo sabes que fueron los peores meses de su vida si entonces tú no la conocías muy bien? –le pregunté a la enfermera.

–Es por decir algo –me dijo ella–. Yo me entiendo. Tus padres pelearon con tu tía Esmeralda, dejaron de hablarse porque ella insistía en tener a la abuela en esa residencia. Pero le ganaron la pelea. No sé cómo, pero ganaron la pelea y la abuela se fue a vivir con ustedes a Cartagena.

–Antes de eso vivió unos meses en nuestra casa de la capital –la corregí.

10

Me acuerdo muy bien de la época que pasó con nosotros en Cartagena. Yo tenía diez años, iba para once. Vivíamos en el barrio de Manga, frente a la bahía. Me habría gustado vivir en una de las casas antiguas del barrio, pero vivíamos en un edificio nuevo de dieciocho pisos. En las tardes, paseábamos juntas haciendo un rodeo a la bahía. Si mis padres me daban permiso, la llevaba hasta el centro amurallado, siempre cogidas de la mano. A la abuela le encantaba subir a uno de los baluartes y sentarse a mirar el mar y la ciudad, fascinada por las torres de las iglesias y los miradores de las casas antiguas. Un día, al pasar la mano por la superficie de uno de los cañones *emplazados* en el baluarte de Santo Domingo, dijo que le traía recuerdos de piratas.

–Quiero subir allá arriba –me dijo un día, señalando con la mano el cerro de La Popa. Se lo conté a mis padres y organizamos un paseo de familia. La abuela parecía una niña deslumbrada por el tamaño de la ciudad. No distinguía ningún sitio, pero lo que más le llamaba la atención eran el mar y la Ciénaga de la Virgen. Parecía como si estuviera descubriendo por primera vez la ciudad. Señalaba emocionada los barcos atracados en la bahía y preguntaba por la nacionalidad de cada uno.

Continuamos haciendo paseos a la ciudad vieja, hasta que mi madre dijo que no debíamos salir de casa sin la enfermera.

En el barrio donde vivíamos, las casas viejas y grandes, algunas tan hermosas que parecían pequeños palacios árabes, seguían al lado de las torres altísimas que se construían de la noche a la mañana. Como el barrio se llamaba Manga, mi padre empezó a llamarlo Mangattan. Al otro lado de la bahía se veían los edificios de Castillogrande y Bocagrande. Y, no muy lejos, los barcos. El puerto estaba a la izquierda. De vez en cuando, veíamos un inmenso crucero blanco. Y mucho más lejos, la isla de Tierrabomba.

La abuela se sentaba en el balcón, siempre bajo el ojo vigilante de su enfermera. Si estaba de buen humor, contaba los veleros y trataba de adivinar su procedencia según los colores de sus banderas. Si estaba de mal humor, decía que las lanchas que *surcaban* la bahía estaban envenenando las aguas. Le pedía a mi padre que hiciera algo para impedirlo, que llamara a la Capitanía del Puerto o al presidente de la república.

–Le están echando veneno al mar –decía en tono

de alarma–. Están envenenando el río –decía cuando se confundía.

Creía que el mar era el río.

Si algo recuerdo entre todas las cosas fue el viaje que hicimos a las islas del Rosario. Fuimos a pasar el fin de semana en Isla Grande. Regresaríamos el domingo por la tarde. Casi todo el tiempo, la abuela se la pasó sentada en una mecedora con la vista puesta en las aguas. Muy cerca de la orilla, como si contemplara los corales.

Me inquieté al escucharle una de esas frases que ella pronunciaba como si fuera una sentencia. Estaba mirando el paso de tres veloces lanchas de motor frente a la isla, cuando dijo:

–Veo un cementerio de peces en una piscina de gasolina y aceite.

–¿Qué dijiste, abuela? –le pregunté.

–Lo que oíste –susurró ella.

–¿Te gusta esta isla, abuela?

–Me quiero quedar aquí toda la vida –dijo antes de que regresáramos a Cartagena–. Esos corales me dan pena –añadió.

Aquella tarde, con permiso de mis padres, guiadas por un nativo del lugar, recorrimos de un extremo a otro la isla. Nos internábamos en la maleza, pasábamos un campo sembrado de cocos y salíamos de nuevo a la orilla del mar. En uno de los esteros, entre los manglares, la abuela distinguió un verdadero banco de cangrejos. Se quedó mirándolos. De un momento a otro, empezó a caer un tremendo aguacero. La abuela no quiso *guarecerse* en una casa con techo de palma. Prefirió caminar bajo la lluvia. Levantaba las manos con las palmas hacia arriba y recibía el agua que luego se echaba en la cara.

En una época le dio por hablar solamente de los corales y del paseo por la isla bajo un «diluvio tropical». Eso dijo: bajo un diluvio tropical. ¿Qué podía hacerse para organizar una brigada que impidiera el envenenamiento de las aguas y la masacre de los bancos de corales?

Como si se cumplieran ciclos de locuacidad y ciclos de silencio, revivía como una flor que se abre en la lluvia y hablaba como si su boca no pudiera contener un torrente de palabras.

–No me gustan los hablantinosos –me dijo un día, refiriéndose a la empleada que trabajaba con nosotros en Cartagena.

¡Qué ironía! Nadie había más hablantinosa que ella.

Descubrí algo nuevo y más curioso: que dormía con los ojos abiertos.

¿Dormía mi abuela con los ojos abiertos?, quise saber cuando la enfermera me dijo que llegaría el día en que la abuela dormiría con los ojos abiertos. En el futuro –me dijo–, no estará más en el mundo de los demás sino en el mundo de ella misma.

Me costó entender lo que significaba esa frase, pero me hice la que lo entendía muy bien. Si ustedes tampoco entienden este enredo, pregúntenselo a una persona mayor o a sus padres, por ejemplo. Les advierto una cosa: cuando los mayores no entienden bien las cosas o no saben cómo explicarlas, no dan respuestas falsas sino respuestas *vaporosas*.

Me gusta esta palabra: vaporosa. Viene de vapor. Saquen ustedes la conclusión imaginándose el vapor. Tibio o caliente. Y húmedo. Imagínense un baño de vapor. Un baño turco. Y unas palabras dando vueltas por el vapor. Vaporosas. Eso es lo que quiero decir.

Si van a dar respuestas vaporosas o, más bien, vagas, deberían decir que no saben.

Un mayor que no sabe no deja de ser mayor. Es, simplemente, un mayor que no se las sabe todas.

–¿Sabes algo de la época en que la abuela vivió en casa de la tía Esmeralda? –le pregunté a la enfermera.

En casa de la tía Esmeralda, la abuela fue muy juiciosa y obediente. La tía la mantenía a raya. Solo la dejaba salir a la sala si la visita era de familiares. Le tenía horarios para todo: para acostarse, para levantarse, para desayunar, para almorzar, para la merienda, para la cena y hasta para los paseos por el barrio, siempre acompañada. Debía sentarse en el mismo sillón y en la misma silla del comedor, ver televisión a ciertas horas y bañarse puntualmente antes de acostarse.

¿Por qué? Nunca lo supe. Lo que sí sé es que debe ser muy aburrido comer siempre a la misma hora, sentarse en el mismo sitio, pasear a la hora en punto como el día de ayer y como mañana.

Pese a todas esas alarmas, había días en los que parecía la mujer más feliz del mundo. Bromeaba con su hija Esmeralda y jugaba con sus nietas. La tía sacaba la más paciente de sus paciencias y le dedicaba tiempo a la abuela. Si discutían o peleaban, se contentaban al cabo de un rato.

–¿Por qué dijiste que en esa época era la mujer más feliz del mundo? –le pregunté a mi padre.

–Porque era libre y se divertía –me explicó–. Porque nadie podía decir que sufría. Hacía lo que quería y eso era lo que tu tía no soportaba: que Mamamenchu no hiciera lo que ella quería que hiciera.

–Mejor dicho, que la abuela se le saliera de las manos –apuntó mi madre.

–Más o menos –aceptó mi padre–. De las manos y de la casa.

Mis padres recuerdan que en esos días la abuela elegía la ropa que iba a ponerse y, por lo general, no era la ropa que la tía aprobaba, lo que ella creía que debía ser la ropa de una mujer de casi ochenta años. La abuela elegía ropas de colores muy alegres, ropa de tierra caliente en tierra fría. Elegía a veces sombreros de paja de alas anchas, *pamelas* y pavas tropicales. Salía vestida así a recibir las visitas, como si estuviera a la orilla del gran río donde pasó la infancia o a la orilla del mar al que había ido de vacaciones. Elegía ropas de colorines y maquillaje de una mujer joven. Buscaba en el armario de la tía creyendo que era el suyo y se vestía de fiesta.

Se reía mucho. Parecía no tomarse nada en serio.

Bailaba sola o le pedía a la empleada que le hiciera de pareja. Y como mi abuela había sido joven en la época en que estaban de moda las orquestas de Pacho Bermúdez y Lucho Galán, escogía porros y merecumbés, merengues y cumbias*.

¿Que por qué les cambié los nombres a los directores de las orquestas? Porque la abuela le ponía Lucho a Pacho y Pacho a Lucho.

–¿Cuándo es que vamos a armar una parranda? –le pedía Mamamenchu a la tía Esmeralda–. No sean tan aburridos –se quejaba si la tía le decía que se cambiara esos vestidos de colorinches, que en su casa nunca se había escuchado ni bailado esa música, que hiciera el favor de no estar rebuscando en su ropa, que para eso le habían dado un armario para que guardara la suya.

–Ustedes no tienen derecho a meterse en mi vida –protestó un día–. No quiero que me vigilen en las visitas. Ese muchacho es muy decente. No tienen que desconfiar de mí ni de él.

La enfermera de Cartagena sabía muchas más cosas de la abuela. Mi madre le daba información que pudiera servirle para responder sus preguntas y tratarla como una amiga conocida desde hacía muchos años. No debía tratarla como a una extraña porque Mamamenchu creyó siempre que la enfermera era de la familia.

–¿Tú qué eres de Hermenegilda? –le preguntó,

* Músicas y bailes de la región Caribe de Colombia.

y la enfermera no supo responderle porque nadie le había hablado de Hermenegilda ni nadie había sido capaz de decirle a la abuela que Herme, su empleada y amiga de muchos años, se había quedado dormida para siempre a los noventa y cuatro años de edad.

De vez en cuando, la abuela se acordaba de ella y le pedía a mi madre que le mandara saludos de su parte.

–Lo mismo dice ella –le decía mi madre–. Siempre pregunta por usted. Dice que el árbol que sembraron juntas tiene como veinte metros de altura.

–No sé de qué árbol habla –respondía la abuela–. Yo nunca sembré ninguna mata con Hermenegilda.

Herme había pasado los últimos meses de su vida acompañada por su única hija, viuda de sesenta y siete años, viviendo en el cuarto que siempre había ocupado en la casa de campo. No tenía hijos. Había vivido del cultivo de verduras y hortalizas y las vendía a los mayoristas.

–Puede quedarse con Herme todo el tiempo que sea necesario –le dijo mi madre el día en que decidieron que la abuela se iría a vivir a la ciudad, en casa de la tía Esmeralda.

–Todo el tiempo que ella dure –le respondió la hija.

La enfermera de Cartagena no sabía nada de esto, así que mi madre tuvo que contarle episodios que desconocía a medida que la abuela la interrogaba sobre cosas de su pasado. La sacaba a pasear por la avenida que bordeaba ese tramo de la bahía y la abuela le pedía que se detuvieran frente a los veleros atracados en la marina. Eran tantos y de tamaños tan diferentes, de banderas tan desconocidas, que la enfermera tuvo que dedicarse a estudiar para responder a las preguntas de la abuela.

11

Era divertido escuchar sus comentarios a los programas de la tele. Si veía en los telediarios al presidente de los Estados Unidos de América, por ejemplo a Bill Clinton, lo confundía con John F. Kennedy. A Jimmy Carter lo confundía con Eisenhower y a este con Gerald Ford.

–Es Clinton, mamá –la corregía mi madre, pero mi abuela se encogía de hombros.

–Ese es Kennedy –decía en voz baja y daba media vuelta rezongando–. Lo sé porque fue el presidente más buen mozo de los Estados Unidos.

Empezaba a perderse en sus pensamientos. Se asomaba a las profundidades de la laguna, pero todavía no estaba lista para sumergirse del todo en sus aguas. Se zambullía un rato y luego salía a flote.

Yo no pensaba que eso fuera grave. No me parecía grave que, al contestar el teléfono, cuando nadie lo hacía y el teléfono timbraba y timbraba, ella siempre dijera:

–Lo siento, número equivocado.

Y colgaba.

Se reía tapándose la boca, consciente de haber hecho una travesura.

Y eso no era grave sino divertido.

–¿Quién era, mamá? –le preguntaba mi madre.

La abuela se encogía de hombros.

–Cualquiera –decía chasqueando la lengua–. A cualquiera le ha dado por llamar todos los días.

Cualquiera, sin embargo, era algún amigo de casa, sorprendido porque la abuela contestaba y decía que estaban llamando a un número equivocado.

–Mamá –le decía mi madre–. No haga eso.

–¿Que no haga qué?

–Nuestros amigos dicen que usted contesta el teléfono y les dice que están equivocados.

–Yo nunca hago esas cosas –respondía la abuela con un gesto de mal humor.

Era chistoso verla tratando de cortar la carne con el tenedor o lidiando con el cuchillo para tomarse la sopa. A veces se tomaba la sopa y decía que no quería sopa, que le dieran solamente el seco; le traían el seco y protestaba porque no iba a comer carne con papas fritas dos veces y en la misma comida. Confundía la leche con el agua, protestaba si pedía leche y le dábamos agua.

Mucho tiempo después, me detuve a pensar en la confusión de las palabras y creí que el diccionario de la abuela había sufrido grandes modificaciones. El significado de una palabra pasaba a otra y lo que representaba una palabra se cambiaba para confundirla con otra. El río era el mar. La casa era la cueva. Lo blanco era lo negro. El agua era la leche. Una de las chancletas hacía juego con un zapato de fiesta rojo. En fin...

Si me pusiera a describir ese nuevo diccionario, me demoraría mucho más tiempo del que había gastado la abuela para armarlo en la cabeza.

¿Me entienden? El mundo empezaría a andar al revés y enloquecido el día en que una palabra significara lo contrario de lo que cree todo el mundo, cuando para decir alto se dijera bajo, cuando en lugar de decir baje se dijera suba, cuando se llamara frío a lo caliente y duro a lo blando. Pensé en todo esto y me acordé de un paseo por el campo con la abuela. De pronto, se puso a caminar de espaldas. Seguía hablándome, mirándome y caminando de espaldas.

–Trata de hacerlo tú también –me pidió.

Me puse de espaldas y caminamos largo trecho, hablándonos sin mirarnos. En ningún momento tropezamos con obstáculos. La abuela me guiaba. Conocía tan bien aquel sendero, que adivinaba cada obstáculo. Habíamos caminado un buen rato y se detuvo.

–Lo bueno de caminar de espaldas es que avanzamos, pero seguimos viendo lo que dejamos atrás.

–¡Pero podemos tropezar y caer, abuela! –le repliqué.

–No, si uno sabe para dónde va –respondió–. Uno siempre debe saber de dónde viene y para dónde va –añadió–. Tropezar es lo de menos.

¡Otra de sus frases misteriosas!

En cosas como esas, en la manera de caminar de espaldas o de cambiarles el nombre a las cosas, había algo más misterioso que el misterio. Me intrigaba, sobre todo, el orden o el desorden de las palabras. Alguien, en el principio del mundo, debió de haber empezado a ordenarlas.

¿Qué era, entonces, un diccionario?

–Muy sencillo –me replicó el repelente de Juan Gustavo cuando le presenté este problema–. El diccionario de la lengua es el orden del mundo.

No quise seguir hablando del tema.

Mi mamá dijo que la abuela empezaba a tener problemas con la comida. No podía masticar las cosas muy sólidas y duras. Aunque tenía una dentadura perfecta, era como si se le estuviera olvidando usar la dentadura.

Preguntaba por qué habíamos trasladado la cocina a la sala.

El día en que me celebraron el cumpleaños, creyó que se lo estaban celebrando a ella. Sacó sus mejores prendas del armario, se encerró en el cuarto de baño a maquillarse, le pidió a mi mamá que la acompañara a una peluquería.

–Tengo el pelo horrible –dijo–. ¡Qué van a decir mis amigas!

Le seguimos la corriente. Así que ese día, en casa se celebraron dos cumpleaños: el mío, el verdadero, y el de Mamamenchu, el inventado. Cantó y bailó como si fuera su día. Mis amigos la miraron extrañados. Poco a poco, a medida que la abuela se mezclaba con todos y hacía lo que todos hacíamos, se olvidaron de que era una abuela de ochenta años. Aceptó bailar un hip hop, imitando a los bailarines negros que había visto en la televisión. En ese instante, se había convertido en el centro de la fiesta.

Propuso jugar a los disfraces.

–No hay disfraces, abuela –le dije.

–¿Cómo que no hay disfraces? Pónganse unos las ropas de los otros –dijo–. El resto lo pongo yo.

–¿Como qué?

–Pintarlas –dijo–. Mamarrachearlas.

–¿Y qué es eso?

–Volvernos mamarrachos.

Mamarracho: «persona o cosa ridícula o extravagante».

De mamarracho salían mamarrachento, mamarrachero y mamarrachada. Y eso era lo que quería la abuela: que nos volviéramos mamarrachentas y mamarracheros e hiciéramos mamarrachadas. Que hiciéramos la fiesta. Así que a medida que la abuela pintaba a las primeras muchachas, otras cogieron confianza y empezaron a pintarse entre ellas. La mamarracheadera nos contagió a todas y a todos. Nos pidió que conjugáramos el verbo mamarrachear y muchas nos enredamos en la conjugación. «Yo mamarracheo / Tú mama / Nosotros mamarracheamos / Vosotros mamarrecheáis...»

Como siempre, los muchachos fueron los más tímidos. Les daba pena entrar en el juego. Tuvimos que convencerlos. Los convencimos de que se disfrazaran de mujercitas porque lo que queríamos era que las mujercitas se disfrazaran de hombres.

Los muchachos parecían matachines. ¿Y qué son matachines? «Hombres disfrazados ridículamente», dice en mi diccionario.

Y a medida que disfrazábamos a los muchachos, la abuela empezó a cantar, pero antes entrenó a un coro que decía:

–*¡Chin chin! ¡Matachín, chin chín! / ¡Cacho, cacho, mamarracho!*

Mis madres no salían de la sorpresa. ¿Por qué digo mis madres y no mis padres? Porque la abuela me lo preguntó un día:

–¿Por qué en vez de decir los padres no decimos las madres?

Y puso algunos ejemplos: «Mis madres me prohibieron salir... / Mis madres no quieren que vaya a ese paseo... /». En fin. No estaría mal darle esa vueltita al mundo de las palabras.

Como la música era la música electrónica que nos gustaba a todas, en un momento, sin que lo esperáramos, la abuela la interrumpió y dijo que ese chun chun chun era muy aburrido. Puso a mi padre a buscar música vieja y fue entonces cuando le dio por bailar un charlestón.

–El charlestón es más viejo que yo –dijo–. Pero lo aprendí a bailar cuando tenía como diez años. Era una música de perdición.

En principio bailó sola. Pero antes de bailar pidió que la esperáramos un rato. Se fue a su cuarto y regresó luciendo un vestido muy antiguo. La falda corta, con encajes y boleros, se ajustaba a su cintura. De allí hacia arriba le apretaba el torso. Se puso un largo collar de perlas falsas con tres vueltas y ese fue el *accesorio* que más nos gustó a todas. Un collar de perlas falsas que daban tres vueltas a su garganta.

Al verla tan contenta y alborotada, la acompañamos en el baile. Mis amigas dijeron después que nunca habían estado en una fiesta más divertida. Desde ese día, me di cuenta de que el charlestón era la música que la abuela había bailado cuando tenía mi edad.

Fue una fiesta inolvidable. Tan inolvidable, que contagió a mi padre y lo puso a bailar con mis amigas, con mi madre y con la abuela. Si se le hubiera atravesado una escoba, mi papá habría bailado con el palo.

En esa época, la abuela nos ofrecía muchas sorpresas.

Un día estábamos en la mesa comiendo el postre. A Mamamenchu le gustaba el flan de maracuyá. Mi mamá siempre le daba de postre flan de maracuyá. Cuando vivía con la tía Esmeralda e íbamos a visitarla, le llevábamos flan de maracuyá. Así que ese día, al terminar de almorzar, Mamamenchu tenía en la mesa su delicioso postre preferido.

Lo probó e hizo un gesto de asco.

–Es su flan de maracuyá –le dijo mamá.

–¡Qué maracuyá ni qué ocho cuartos! –protestó y apartó el plato con asco.

Nos miramos sorprendidos. Papá nos hizo un gesto y todos comprendimos que no había que llevarle la contraria.

Me levanté de la mesa sin decir nada. Fui a la cocina, abrí la nevera y serví en un platico una porción de arroz con leche, con clavos y unas ramitas de canela.

–Prueba este dulce –le dije a la abuela.

Lo devoró sin decir nada. Un extraño que no la conociera y la viera por primera vez comiéndose el postre habría pensado que la abuela era la mujer más feliz y golosa del mundo.

–¿Te gustó el postre, abuela? –le pregunté.

–No sé por qué me lo preguntas –respondió–. Ustedes ya saben que el flan de maracuyá es el mejor postre de esta casa.

–Ya no vienen barcos a la bahía –dijo un día–. Ya ni siquiera hay mar –dijo con toda seriedad, con el bocado de postre en la cucharita–. Se llevaron el mar para otra parte, ¿cómo les parece?

Esta fue durante un tiempo su obsesión: creer que se habían llevado el mar a otra parte. Lo raro y lo divertido de la frase era que en la ciudad donde vivíamos no había mar. Había ríos, muy pequeños. Ríos pequeñísimos que descendían por los cerros y se confundían con los caños de la ciudad. El único río grande llevaba el nombre de la capital. Era un río envenenado por las fábricas, no parecía un río de agua sino de espuma.

En una de las fotos de familia que exhibíamos en

casa, mamá, la tía Esmeralda, la abuela y su esposo, el difunto Fidelio, el abuelo que nunca conocí, posaban sentados al pie del salto del Tequendama, donde el río Funza cae como una furiosa cascada blanca de 147 metros sobre un lecho de rocas. Mamá debía de tener entonces catorce o quince años.

Mamamenchu se quedó mirando esa foto y le preguntó a mi madre si era la foto que se habían tomado en las cataratas del Niágara.

–No –le respondió mi madre–. En el salto del Tequendama.

–Me gustaría volver –dijo suspirando y devolviendo la foto a su lugar.

Al domingo siguiente organizamos un paseo al salto. No tardamos más de una hora por una magnífica autopista, pero lo que sucedió al llegar nos partió el corazón. Sobre todo a la abuela, que se quedó quieta y en silencio mirando el delgado hilo de agua casi invisible que caía sobre las rocas.

Todos nos reímos de la ocurrencia de la abuela, un comentario que ruborizó a mi madre y puso a carcajear a mi padre:

–Parece la meada de un borracho desde la loma.

Noté su cara de decepción. Almorzamos en un restaurante típico, pero la abuela no quiso comer el ajiaco que le ofrecimos. Estuvo todo el tiempo pensativa y callada, mirando por la gran ventana hacia las montañas peladas que tenía en frente.

Después no dijo nada. Tampoco mis padres hicieron comentarios. Yo creo que la abuela sintió una profunda tristeza al ver que el caudal de agua *impetuosa* que había conocido siendo joven ya no era sino una ridícula línea de agua sobre un *inhóspito* lecho de rocas mohosas.

–Me quiero ir al mar –fue lo único que dijo al regreso.

–El mar queda muy lejos, mamá –le dijo mi madre.

Vivíamos en el altiplano. La cosa se complicaba porque, mientras estuvimos viviendo frente al mar, ella creía a veces que el mar era el río grande en cuyas orillas había vivido hacía muchos años. Decía que el pueblo había progresado mucho, que antes era un moridero atravesado por un río y ahora era una ciudad con edificios altos y muchas calles pavimentadas y muchos carros y barcos.

–Mucha más gente –dijo.

Hablaba sin duda de la capital.

–¿Le gusta la gente, mamá? –le preguntó mi madre.

–¡Claro que me gusta la gente! –exclamó–. En grupitos –dijo–. Tanta gente junta me produce mareo.

A mí no me preocupaba que Mamamenchu confundiera el río Grande de la Magdalena con el mar de Cartagena. No me habría importado que dijera que el Magdalena era el Volga y el Caribe el Adriático. Lo importante era que se sintiera bien en el río y en el mar, aunque los confundiera.

–Abuela, ya no vivimos en Cartagena –le dijo mi padre.

–¿Dónde estamos viviendo, entonces? –se enfureció ella–. ¿Quién les dio permiso para llevarse el mar?

Si hacía mucho frío, por las mañanas o las noches, la abuela se quejaba y pedía que le bajaran el aire acondicionado. Mejor dicho, que le subieran la temperatura. Veinticuatro grados.

–Bájenle o apáguenlo –pedía.

En la mañana, la abuela creía que seguíamos viviendo en Cartagena. Al día siguiente, pensaba que vivía en la casa de campo y pedía que le echáramos leña a la chimenea y la prendiéramos, no con periódicos sino con hojas secas y ramitas que ella misma recogía debajo de los árboles.

–¿Saben algo de los muchachos que encontraron muertos en la casa del campo? –preguntó un día–. No me explico por qué los enterraron desnudos.

Mi padre nos dijo después que esa herida no había cicatrizado aún.

–¿Cuál herida? –le pregunté.

–El recuerdo de los muchachos que encontraron enterrados cerca de su casa.

–Si prenden la chimenea –dijo un día al anochecer–, échenle encima hojas de eucalipto secas, para que huela muy rico.

La casa donde vivíamos no tenía chimenea.

–Hace mucho tiempo que no veo a Hermenegilda –dijo un día.

Todos nos miramos aterrados. Mis padres creían que ese momento llegaría un día, pero no tenían la respuesta que le darían a la abuela. –Me gustaría ir a visitarla –dijo.

Durante un tiempo dejó de hablar del tema.

–No me han dicho nada de Hermenegilda –dijo días después a mi madre, a manera de reproche–. Tenemos que ir a visitarla –propuso–. No se preocupen por la plata, que yo pago los tiquetes de avión.

12

Al principio, nada de lo que le estaba pasando a la abuela me parecía grave. Para mí, lo importante era que siguiera viva. Claro que era muy triste saber que, poco a poco, ya no reconocería a nadie, ni siquiera a sus hijos y nietos. Al saber esto me puse muy triste. Mucho más tristes se pusieron mis padres.

Ese no es el problema, pensé después.

Por eso nunca creí que estuviera enferma. Y si estaba de verdad enferma, la suya no era una enfermedad para ponerse a llorar.

Mi madre me llamó aparte un día y me dijo que debería conocer la verdadera situación de la abuela.

–¿No ves que cada día es más *irascible*? –me dijo.

–Depende –le repliqué–. Conmigo nunca es irascible.

¿Irascible? Una persona que tiene disposición a la ira, pensé sin necesidad de buscar en el diccionario.

–Nadie sabe, ni siquiera los médicos, lo que puede sucederle de un día a otro. Tenemos que prepararnos para lo peor.

Escuché a mi mamá en absoluto silencio. Al salir de su cuarto, donde habíamos estado juntas sin la presencia de papá, sentí que se me nublaba la vista. Ahora creo que no era la vista lo que se me nubló en aquellos momentos sino el mundo de fantasías que me estaba haciendo con la abuela. De todas maneras, no quise aceptar lo que mamá acababa de decirme. Hoy pienso que debajo de aquella niebla dolorosa seguían sucediendo cosas que me alegraban la vida.

¿Con qué se mide la desgracia o la felicidad de una persona?, me preguntaba.

No se compliquen con estas preguntas, amigos lectores, si han tenido la paciencia de llegar hasta aquí. Yo misma no sabría responderlas.

Lo que me pasaba era en ocasiones muy bonito. Y porque era muy bonito, quise olvidar lo que me había dicho mamá. Por eso lo recuerdo con tanta emoción. Pasaba que cuando estaba al lado de la abuela, en silencio, mirando las nubes o el sol del atardecer; mirando el vuelo de un pájaro que salía de las ramas de un árbol; mirando nada, como me pasa a veces; cuando estaba a su lado, la máquina de los recuerdos empezaba a funcionar y no se detenía.

Miraba a la abuela y el tiempo empezaba a devolverse. Podía regresar en el tiempo, pero mi pobre vida era tan corta que no alcanzaba a llegar muy lejos. ¡Doce años! Muy poco. Casi nada. Saber esto me puso frente a un rompecabezas: ¿cómo puede una volver más larga y antigua su memoria?

Me rompí los sesos hasta que llegué a esta conclusión: la memoria de una niña, la memoria de cualquier persona se vuelve más larga y antigua si se la conecta con la memoria de sus padres. La memoria de los padres se amarra a la de los abuelos. Un joven recibe como herencia la memoria de los más viejos. Si se va hacia atrás en el tiempo, siguiendo la cadena de la memoria, se podrá llegar a los primeros seres que tuvieron memoria de las pocas cosas que sucedieron cuando el mundo no estaba todavía poblado.

–Estás hablando del regreso al primer hombre –me dijo Juan Gustavo el Repelente–. Ese es el tema de todos los libros sagrados: el nacimiento del mundo y del primer hombre en el mundo.

13

¿Iba a decirles algo sobre Juan Gustavo?

Lo que les quiero decir es muy corto.

Fue mi primer amor de lejos. No lo fue porque creyera que era un príncipe azul. Me enamoré de él porque había leído muchos libros y leería más libros que yo, porque encontraba la síntesis de las cosas, porque parecía un pavo real en el centro de un jardín lleno de libros. Y, sobre todo, porque una mañana dejó de ser el más repelente, alto y gordo de la clase y me dejó una hoja de papel con un mensaje que guardo todavía como una de las cosas más absurdas y lindas que me hayan sucedido.

¿Qué escribió Juan Gustavo en ese papelito?

Solo les puedo decir por ahora que la letra era como la caligrafía de una colegiala que ha estudiado con monjas, una letra curvada y clara, con pequeños adornos en las mayúsculas. *Arabescos*, pensé.

Me llevaba apenas un año, es decir, andaba por los trece. Nadie creería que a los trece años se pudiera tener esa estatura y ese apetito de libros. De libros y de comida, porque Juangú –como lo llamaba cuando él se permitía el lujo de hablarme– era un tragaldabas insaciable. Un comelón, un glotón, un barriga-sin-fondo desvergonzado.

Además del morral que llevaba siempre colgado del hombro, de la corbata mal anudada y de la falda de la camisa blanca saliéndole por la cintura de los pantalones, Juangú llegaba con un montón de papel encuadernado debajo del sobaco. Sudando. Sudando tanto, que el cristal de sus gafas se empañaba y él tenía que quitárselas y secarlas con un pañuelo. Mientras lo hacía, entrecerraba los ojos. Esos gestos lo hacían parecer el muchacho más torpe y descuidado del mundo. Se enredaba en el delgado cable de los auriculares conectados a su teléfono celular, mientras escuchaba música, nunca me quiso decir qué clase de música, pero por los movimientos de la cabeza y de las manos, era posible que escuchara siempre música clásica.

A mí me angustiaba verlo llegar con ese cargamento de papel impreso y me angustiaba mucho más saber que no había página de ese cargamento que él no se hubiera leído, estuviera leyendo o esperara leer algún día. Lo tenía en sala de espera. Le gustaba decir eso:

–Tengo a *Lord Jim* en sala de espera.

–¿Quién es ese?

–¡Qué ignorante eres! –respondió sacando pecho, que en su caso era como sacar barriga–. Es una novela de Joseph Conrad sobre la cobardía y la culpa.

–¿Por qué andas siempre con esa montaña de libros? –le pregunté otro día.

Si me hubiera dicho que los pedía prestados en la biblioteca para leerlos, le habría preguntado si leía dormido.

–¿Eres tonta o qué? –me replicó–. ¿No te has dado cuenta de que son libros descuadernados y viejos?

–¿Entonces para qué?

–Mi padre tiene un taller de encuadernación y reparación de libros –dijo con expresión de burla–. Recojo en la casa de los clientes los que se encuentran en peor estado y a la semana siguiente se los llevo nuevecitos. La clínica de mi papá fue la misma clínica de mi abuelo y, desde entonces, mi familia es la unidad de cuidados intensivos de los libros moribundos.

–¿Entonces no los lees?

–¡Leo algunos! –exclamó mirándome con amable desprecio.

¿Cómo es eso de amable desprecio?, me preguntarán ustedes.

Levantar una ceja, torcer los labios, mover la cabeza horizontalmente, como si me dijera: «Tú no tienes remedio». Ese era el amable desprecio de mi amigo.

–No los lees todos –repetí atontada.

–No los leo todos porque los libros que mi padre repara y encuaderna no son todos buenos. La gente guarda mucha basura. Aunque debo decir que no me importa, tratándose de libros. Si la gente los guarda, es porque los quiere.

¿Qué fue entonces lo que escribió Juangú para que, desde ese instante, cayera perdidamente enamorada de él?

«Tu corazón es una página en blanco. Me gustaría escribir sobre él.»

JG.

Han pasado cuatro, cinco años, casi seis. Leo la frase y todavía me río, aunque entonces, al leerla por primera vez, no me reí sino que sentí temblor en las manos y agitación en la respiración. Es una frase cursi, pienso a veces, pero fue la primera frase amorosa que me dedicó un muchacho antes de cumplir los doce años. Un muchacho que no era tan muchacho. Un muchachón que medía un metro con setenta y seis y pesaba noventa y ocho kilos, según decía él cuando le preguntaban por peso y estatura.

–No me miren así –se defendía–. Ya sé que soy una exageración de la naturaleza. ¿Quieren que les diga una cosa? Prefiero ser un exceso y no un defecto.

Esta respuesta nos puso a pensar durante días y días. Es justo entonces que ustedes se dediquen también a descifrarla. No es difícil. ¿Qué quiso decir Juangú con esa frase?

El papelito de la fortuna, como empecé a llamarlo, no nos acercó, como deben estar suponiendo. Nos alejó. Si antes nos encontrábamos y hablábamos con naturalidad, desde el *fatídico* día del papelito evitábamos mirarnos a los ojos. Lo veía de lejos y le huía. Noté, sin embargo, que desde entonces ponía más cuidado en la manera como llevaba el uniforme del colegio. Me peinaba con más esmero. Me echaba un poco de color en las mejillas. Le subí dos centímetros al ruedo de mi falda, por encima de las rodillas. En la clase, me sentaba lejos de él. No obstante, leía y releía su frase y guardaba como un tesoro el papelito.

Fue mi primera carta de amor.

Pasaron varios meses, se terminó el curso, nos fuimos de vacaciones, sufrí mucho al saber que no lo vería todos los días, pero antes de «separarnos» sucedió algo que se volvió más inolvidable que el papel y la frase: el día de final de curso, no sé cómo, fui sorprendida en un pasillo por Juan Gustavo el Repelente. Frente a frente. Mirándonos a los ojos. Ambos temblando del susto de encontrarnos. Su cara enrojeció mientras la mía empalidecía. Juangú y su familia se mudarían a Buenos Aires. Era la despedida.

De repente, sin esperarlo, aquel muchacho de cara redonda y mofletes y gafas de cristales muy gruesos, me tomó la cabeza, la sostuvo apretada unos segundos y me dio un beso en la boca.

¿Un beso de verdad?

No sé. Creo que fue un beso de mentiras: el beso de un muchacho asustado que cierra los labios, busca la boca de una niña asustada y sale corriendo por los pasillos. Menos mal que no hubo testigos.

No volví a verlo en mucho tiempo. Supe de él cuatro años después. La página literaria de un periódico muy importante de una ciudad argentina llamada Salta publicó el «primer poema de un joven y precoz escritor de Colombia que vive hace dos años entre nosotros». Venía su foto. No podía ser otro.

¿Quién me había hecho llegar esa página escaneada a mi correo electrónico?

No sé si el poema era bueno. Tampoco si era malo. Hablaba de *«la joven vida»*, del «temblor de la despedida» y del «beso robado en la soledad de un pasillo en penumbra». Y estaba dedicado a *A.B.*, pero daba la casualidad de que en nuestra clase había una muchacha muy bonita llamada Andrea Barrientos.

Al recordar este detalle, me reí para mis adentros. Juan Gustavo seguía haciéndome jugarretas.

14

Regresamos a la capital, pero la abuela no se dio cuenta de que habíamos cambiado el mar por las montañas, el calor por el frío. Por mi parte, cambié las sandalias y los pies descalzos por los zapatos con medias; las blusas de algodón refrescantes por los suéteres de lana; las bermudas por los vaqueros, el lino por el paño.

La abuela regresó con nosotros en un largo viaje por carretera que duró más de veinte horas. Atravesamos valles y montañas, vimos ríos grandes y pequeños, padecimos calor y sentimos un frío que nos atravesaba los huesos.

Yo ya tenía doce años.

No habíamos querido cerrar ni vender la casita de campo de la abuela, así que algunos fines de semana nos íbamos de paseo para allá. Todo seguía intacto. Seguía intacto el árbol de ramas que caían hasta el suelo y parecían los cabellos blanquecinos de un gigante. Así le decía yo a la abuela: que las ramas de ese árbol centenario eran como los cabellos blanquecinos de un gigante.

Los cuadros de la casita de campo eran los mismos que yo recordaba. El viejo sofá de cuero donde la abuela hacía la siesta, arropándose con una manta de lana a cuadros, ese sofá era el mismo. Aunque la tía Esmeralda quiso que lo cambiáramos por un sofá nuevo de cretonas floreadas, mi mamá dijo que no: ese era el sofá preferido de la abuela y, además, se hallaba en buen estado.

–¿Qué es eso de estar tirando las cosas porque son viejas? –le preguntó mi madre a la tía.

–Todas las cosas cumplen su ciclo –respondió ella.

–Pero por eso no las enterramos vivas –le replicó mi madre.

Mi padre intervino cambiando de tema. Dijo que había que revisar el *drenaje* del jardín, pues la lluvia se estaba empozando.

Todo seguía estando en su sitio. Casi todo. Todo menos la pintura al óleo de la sala. Era un paisaje pintado por mi bisabuelo, es decir, el abuelo de mi madre, un cuadro que no tenía firma sino una fecha: 1900. ¡Imagínense! Un cuadro pintado el año en que empezó el siglo XX.

Mi bisabuelo ya no estaba con nosotros pero ese cuadro seguía allí recordándonos que el padre de mi abuela pintaba paisajes y retratos en sus ratos libres. Pintaba cuadros con paisajes de la sabana y los cerros. Pintaba a la gente que conocía. A los campesinos y a los niños de la familia.

–Nada de eso existe ahora –dijo mi padre un día, mientras mamá trataba de recordar los temas que pintaba el bisabuelo.

¿Es que las cosas que hace la gente duran más que la propia gente?, empecé a preguntarme.

Creo que sí.

Un paisaje con grandes, altísimos árboles al pie de un pequeño río. Una casa en el centro de los árboles. A lo lejos, un delicado fondo de montañas. Colores apagados, como si mi bisabuelo hubiera visto el paisaje detrás de una cortina de seda.

Ese fue el paisaje que la tía Esmeralda se llevó a su casa de la capital sin preguntarle a nadie. Seguramente le gustaba mucho, porque nadie cuelga en una pared de su casa un cuadro que no le guste.

–¿Qué se hizo el cuadro del abuelo? –le preguntó mi madre a la tía.

–Lo llevamos a nuestra casa –respondió–. ¡Ella ni lo mira! –dijo a manera de justificación.

Mi madre no estuvo muy convencida de esa respuesta. Un día sorprendió a la abuela de pie, mirando la mancha rectangular de la pared. Faltaba algo. La pintura era más clara. Faltaba el cuadro que ella siempre encontró en ese sitio. Pero no dijo nada. Lo mismo hizo al día siguiente: se paró ante la pared y se quedó unos minutos mirando el vacío de la pintura más clara perfectamente dibujado en la pared.

Mi mamá dijo que a la abuela le estaba haciendo falta aquel paisaje.

Mi mamá le preguntó a la tía por el cuadro y ella

dijo que le estaban ofreciendo una platica por él. Que no se preocupara. Si lo vendía, dividirían la plata en dos mitades.

Mamá se enfureció.

–Si vendes ese cuadro, hasta allí llegamos –le dijo–. Ese cuadro es de la familia.

La tía no era mala persona, les dije antes. Estoy segura de que no lo era ni lo es. Lo que sucede es que le gusta mucho la plata, mucho más que el paisaje pintado hace cien años por su abuelo. Lo que sucede es que prefiere salir de sus problemas sin importarle para nada la gente que la rodea. Hace cosas buenas, pero no piensa que al hacerlas está perjudicando a los demás. Como les dije, es de las personas que quieren demasiado y aprietan y aprietan hasta ahogar a los que quieren.

Gracias a las rabietas de mi madre, la tía devolvió el cuadro a su sitio. Probablemente sea una exageración de mi madre, pero nunca puse en duda la veracidad de lo que dijo:

–¡Si hubieras visto la cara de felicidad de la abuela!

Según mi madre, Mamamenchu se plantó frente al cuadro y mostró la más increíble y bella de sus sonrisas. El cuadro que había extrañado estaba de nuevo en su sitio.

–Se lo van a comer los gorgojos –pronosticó la tía Esmeralda, muerta de rabia porque la habían obligado a devolver el cuadro a su sitio.

–Si no se lo han comido en cien años –le respondió mi madre–, va a estar mucho más tiempo que nosotras en perfecto estado. Primero nos comen a nosotras.

–Es solo un cuadro mediocre –se enfureció la tía Esmeralda.

–Un cuadro mediocre pintado por nuestro abuelo –le respondió mi madre–. Para la familia, en cambio, debería ser la mejor pintura del mundo.

Como siempre, mi padre tuvo que interrumpir la discusión. Lo hacía cambiando de tema, restándole importancia al duro intercambio de palabras de las hermanas.

La abuela daba la impresión de estar casi siempre ausente pero no lo estaba tanto. Se alegraba de que Antonia, la hija de Hermenegilda, se acercara y la tomara de la mano. Le respondía con muy pocas palabras y con un tono muy débil. Todos creíamos que la abuela la confundía con la madre.

–No se sorprenda, Antonia –le dijo mi madre–, si mamá la confunde con Hermenegilda.

–No se preocupe, señora, que a eso estamos jugando desde que nos vimos.

Sin embargo, una mañana sucedió algo inesperado y extraño.

Antonia ayudó a vestir a la abuela, salió con ella al comedor y le sirvió el desayuno. Al terminar, la tomó de la mano y le dijo que dieran un paseo. Salieron de la casa y vieron el jardín florecido. Arrancaron malezas, retiraron de su tallo las flores marchitas.

Habían caminado unos metros más allá de la verja

de la casa cuando Antonia notó algo raro en la abuela. No le dio importancia.

A medida que se alejaban de la casa, sintió que la abuela caminaba unos pasos y se detenía bruscamente. Caminaron unos metros en dirección al sendero que conducía al tupido bosque de altos árboles y sintió que la abuela no solamente se resistía a seguir sino que tiraba en sentido contrario.

–Regresemos –alcanzó a decir.

Antonia asegura que le escuchó decir esa palabra.

–Demos un paseo por el camino, abuela –le dijo–. Mire que ahora lo tienen muy bien cuidado, mire que le pusieron ladrillos.

No esperaba que la abuela reaccionara de esa manera y con tanta fuerza, ni que la expresión de su cara fuera la de alguien que ha visto un espanto.

–¡Regresemos! –dijo la abuela sacando fuerzas de su garganta. Eran las primeras palabras que pronunciaba en muchos días.

Regresaron a casa y Antonia le contó a mi madre que la abuela no había querido dar el paseo por el sendero que llevaba al riachuelo.

–¡Ah! –exclamó mi madre–. ¡Es que usted no sabía!

–¿No sabía qué? –preguntó Antonia.

–Nada –la tranquilizó mi madre–. Cosas de vieja.

Mis padres supieron de inmediato que la abuela mantenía guardado en alguna parte de la mente el episodio que la había alejado para siempre del bosque y de la costumbre de hacer un paseo casi diario hasta el *Ficus tequendamae*.

15

Recordaba haber escuchado a mis padres y a la tía Esmeralda hablando de un «aspecto de la enfermedad» de la abuela. Un *aspecto*. No me gustó esa palabra.

–Es raro –decía mi padre–. Hace un año, cuando le hablaban de cosas que vivió hace mucho tiempo, se acordaba. Se ponía contenta y se le notaba en la expresión.

No encontraba las palabras y se desesperaba. Se le extraviaba la ropa y se desesperaba. En ocasiones, su desesperación era tan grande que reaccionaba como una niña, con pataletas y llantos. Mi mamá decía que a la abuela se le estaba secando la fuente donde guardaba las palabras, que, al principio, si no podía decir lo que quería expresar, se ponía furiosa o le daba por llorar.

La fuente de sus palabras se estaba secando.

Yo nunca me di cuenta del momento en que dejó de hablar. No fue en todo caso en Cartagena. Parece que eso no sucede de repente, que llega un día en el que ya no encuentran las palabras. Es una luz que se apaga lentamente. Al final, se ve el resplandor de las últimas palabras. Hablan poco o dejan de hablar. Y bastó que me ausentara dos semanas de vacaciones para que, al regreso, me encontrara con esa barrera de silencio.

Me dije: «La abuela decidió dejar de hablar».

Preferí decir eso: que ella había *decidido* por su cuenta no hablar más.

Si era cierto lo que dijo mi madre, ¿se secaba también la fuente interior donde la abuela guardaba las palabras, el diccionario que había estado formando durante toda su vida?

Como no he podido responder esta pregunta, se la dejo a ustedes para que piensen en la respuesta.

Desde entonces me preparé para que, a partir de un día futuro, no me importara que ella no hablara ni que se quedara con la mirada perdida buscando las palabras. Pensaba que bastaba hacerle escuchar experiencias, nombres de personas y lugares de otras épocas para ponerla contenta.

Estaba claro que hubo un tiempo en el que la abuela recordaba las cosas que le sucedieron hace muchísimos años, mucho antes de que yo naciera y de que nacieran sus dos hijas. Los lugares, los viajes, las personas amigas. Confundía las fechas y los lugares. Todo eso recordaba. El problema era que yo no había tenido esas experiencias ni había oído hablar de ellas. No podía ponerle conversación con los temas que ella recordaba. No me importaría hablarle y no escuchar sus respuestas. Bastaba saber que algo pasaba allá adentro, en su mente, y que lo que pasaba la alegraba.

Entonces hice un plan. *Tracé un plan*, me corrigió un día mi padre, medio en serio, medio en broma.

–Es mejor y más apropiado decir trazar un plan que hacer un plan –dijo el ingeniero don Alfonso Blanco Aguirre.

Tracé un plan.

Dividiría la edad de la abuela en tres partes.

Cogí un cuaderno y anoté.

Primera parte: los años de la infancia.

Si había empezado a tener recuerdos a los cinco o seis años, entonces esa primera parte iría de los cinco a los doce.

A los doce, la edad que yo tenía entonces, uno ya está dejando de ser niña.

Segunda parte: de los trece a los dieciocho.

¡La primera juventud!, como decían todos. La edad de los amores. De los amores y las esperanzas. No es que sea muy aficionada a ver novelas en la tele, pero las muchachas de esa edad son muchachas soñadoras.

La abuela debió de ser también una muchacha soñadora.

Tercera parte: de los diecinueve en adelante, hasta los cincuenta, tal vez, correspondía a la juventud.

Venían los sesenta. Tenía esa edad cuando murió el abuelo. Y yo pensaba que a partir de allí había empezado otra vida para la abuela.

El abuelo tenía ochenta y cinco años y no se le conocía ninguna enfermedad, dijo mi madre. Le llevaba veinticinco años a la abuela pero parecía que se hubieran conocido en las bancas de un mismo colegio.

–La abuela nació en 1922 –dijo mi padre–. Así que tu bisabuelo debió de haber nacido en 1897.

¿Quién conservaba los álbumes de fotos antiguas?

¿Quién guardaba sus cartas, si escribió cartas?

¿Quién podía hablarme de la abuela, cuando era niña, cuando empezó a ser una jovencita, cuando se casó y tuvo hijos? En alguna parte debían de estar guardadas las fotografías de sus viajes.

A medida que trazaba mi plan, empezaba a estar claro que mi investigación debería ser como en las películas y cuentos de misterio: muy cuidadosa.

Necesitaba urgentemente los álbumes de fotografías.

No fue difícil encontrarlos.

Mis padres guardaban unos, los otros los guardaba la tía Esmeralda, pero como la tía casi no hablaba con mis padres desde la época en que se disgustaron por el asunto de la residencia de ancianos, tenía que olvidarme de los álbumes que ella guardaba. No se hablaban, pero mis padres decían que la tía era una de esas personas que no dan su brazo a torcer, que le costaba mucho aceptar sus equivocaciones pero que eso no quería decir que nos odiara. Nos quería más de lo que ella misma podía explicar. Si no se reconciliaba con mis padres era por orgullo.

No fue fácil mirar esas fotografías. Algunas, de lo

viejas que eran, estaban casi amarillas, muy borrosas, tan amarillas y borrosas que había que adivinar quién era quién.

Mi madre no puso problemas al prestarme tres álbumes de fotos que habían rescatado de la antigua casa de la abuela.

Allí estaba la primera época. Y eran tantas las fotos y tanta la gente que figuraba al lado de la niña que era la abuela, que tuve que mirarlas al lado de mi madre. Las fotos tenían en la parte de atrás la fecha en que las tomaron. Al mirarlas por primera vez sentí algo muy extraño: que esa niña era mi amiga, que retrocedía en el tiempo y compartía con ella cada uno de sus juegos. *¡Qué tontería!*, me dije.

Si la abuela había nacido en 1922, quería decir que en 2000 ya pasaba de los setenta y ocho. Y si en la parte de atrás de la foto se podía leer 1930, quería decir que la abuela tenía ya ocho años. En 1934 tenía mi edad y en 1940 llegó a los dieciocho, mejor dicho, en 1940 se casó.

Encontré fotos de esas épocas: de 1930, de 1934 y 1940. De fechas posteriores, pero me interesaban más esas fechas. Y las anotaba en una libreta nueva, comprada especialmente para eso. Le puse un nombre a la libreta: «Fechas Memorables de la Abuela». El nombre no era visible, estaba debajo del forro. Como un secreto. Creía que si mis padres veían ese título en la libreta, se burlarían de mí. Ya estaban intrigados porque, a medida que miraba y volvía a mirar los álbumes, apuntaba en la libreta.

Tengo que agradecerles que no hayan preguntado mucho por qué, a medida que repasaba las fotos de los álbumes de la abuela, anotaba fechas y ponía una frase debajo. Tengo que agradecerles que no hayan querido leer las frases que escribía.

–¿Vas a escribir una novela sobre la abuela? –fue lo único que preguntó mi padre.

Y lo preguntó amablemente, sin tono de broma.

Cuando dije que quería ser escritora, mi padre se tomó en serio mi investigación en los antiguos álbumes de la abuela.

–Todavía no –le seguí la corriente–. Si alguna vez escribo una novela, no será como *Mujercitas* –le dije–.

Si un día escribo una novela, será como *David Copperfield* –le dije porque esa era la novela que estaba leyendo–. O como *Tom Sawyer* –añadí, dándomelas de leída.

La verdad era que esas novelas me las había recomendado y prestado Juan Gustavo el Repelente.

No le dije que si un día decidía escribir novelas como esas, tenía que conocer grandes ciudades como Londres y ríos muy caudalosos como el Mississippi, el Volga y el Amazonas. Perderme en las selvas americanas y navegar por los caudalosos ríos del sur, por el Río de la Plata y el Orinoco. Debía conocer Buenos Aires y Río de Janeiro, La Habana y Acapulco. Debía atravesar la línea del Ecuador y desembarcar en las orillas de Esmeraldas arrastrada por los coletazos de una manada de delfines. Para ser escritora debía vivir entre la gente que quería convertir en personajes y mojarme con las lluvias tormentosas de la cordillera del Darién. No sé por qué digo Darién. Su nombre me suena a bosques húmedos e impenetrables.

¿Debería también sufrir?

Amar, seguramente sí.

–Si lees las novelas clásicas –me había dicho mi repelente amigo tragalibros–, aprenderás que donde hay amor, hay sufrimiento.

¿Estaba delirando? No, estaba recordando las notas escritas en mi cuaderno de apuntes.

En esos días había terminado de leer *Alicia en el país de las maravillas* y desde el momento en que apareció un conejo blanco vestido con un chaleco, guantes blancos, un reloj y un abanico, me dije que quería ser escritora. Lo mismo me dije cuando acompañé a Tom Sawyer por las orillas del Mississippi. Cada vez que leía un libro, me entraban ganas de vivir donde vivían sus personajes.

–Menos mal que no has leído «El Infierno» de *La divina comedia* de Dante –me respondió de manera burlona Juan Gustavo.

–¿Dónde?

–Nada –dijo, para hacerme rabiar de curiosidad. No estaba hablándome, por supuesto, de Dante Calderón, nuestro compañero de clase. *Infierno* y *Dant*e no tenían ninguna relación, porque todo el mundo decía que ese muchacho, rubio y de cabellos rizados, tenía la cara más angelical del mundo. Si vivía en algún lugar distinto de su casa, ese lugar debía de ser el cielo.

–¿Cuál es la novela que más te gusta de las que has leído entre los diez y los doce años? –me preguntó mi padre.

Me quedé pensativa.

–No me gusta una –le respondí–. Me gustan dos.

Mi padre se quedó esperando la continuación de la respuesta.

–Me gustan *Las aventuras de Tom Sawyer* y *Las aventuras de Huckleberry Finn*.

–De Mark Twain –añadió mi padre, como si fuera necesario recordarme lo que yo ya sabía.

Esa vez, mi padre me escuchó con atención. Yo no sé si le gustaba la idea de verme dentro de unos años convertida en escritora. Le gustaba escucharme hablar de los libros que él había leído a mi edad y que me había recomendado que leyera porque le traían bonitos recuerdos. Además, eran libros que él guardaba en un lugar especial de la biblioteca.

–¿Por qué te gustan? –replicó.

Tengo que confesarles que mi respuesta no fue la que me habría gustado darle en esos momentos. La respuesta que me habría gustado darle no podía ser la misma que me dio Juan Gustavo el Repelente.

–Me gustan juntas porque los personajes de una continúan viviendo en la siguiente. Tom y Huck son amigos inseparables. Pero cuando aparece el negrito Jim, la cosa se pone mucho más buena, porque Jim es un esclavo fugado de sus amos.

Mi padre me miraba silencioso, como si esperara la continuación de mi respuesta.

–Lo mejor de todo –y aquí sí copié textualmente las palabras de Juan Gustavo– es que Huck y Jim vienen de dos mundos diferentes. Creo que son libres y felices.

Cada mes, como quien no quiere la cosa, haciéndose el distraído, mi padre sacaba un libro de la biblioteca y lo dejaba encima de mi mesita de noche. Después de *Alicia* tendría que leer un libro de cuentos de la selva de un tal Horacio Quiroga, y los cuentos de los mares del sur de un tal Jack London y una novela de un tal Daniel Defoe llamada *Robinson Crusoe*. Debía poner en mi lista de espera la novela de un viejo que lucha a brazo partido con un pez inmenso que, poco a poco, a medida que su fuerza disminuye, ve cómo los tiburones le arrebatan la única pieza pescada en muchos días.

¡En fin! Ni para qué les digo.

No soy Juan Gustavo el Repelente, conocido también como Juan Gustavo de las Heras Manrique, alias «El Tragalibros», así que mejor me callo.

–Fíjate bien en «El traje nuevo del emperador» –me aconsejó mi padre.

Al principio, cuando empecé a leer libros interesantes, le comentaba a Juan Gustavo lo que acababa de leer. No lo hice más porque cada vez que le decía el título de un libro, él se echaba a reír a carcajadas.

–¡Eso lo leí hace como cinco años!

–Si tienes trece, no puedes haber leído ese libro a los ocho.

–¿Por qué no? –respondió sacando pecho y haciendo su acostumbrado gesto de sabelotodo–. A los nueve empecé a leer *El Quijote*. Yo ya no leo libros para niños. Además, ¿un libro por mes? Yo me devoro uno por semana.

16

El tiempo pasó con la lentitud de un caracol.

Una tarde entré a la habitación de la abuela y, sin hacer ruido, me senté en un rincón. Desde allí pude ver con qué amoroso cuidado sacaba prendas de un baúl y las ponía encima de la cama. A un lado colocaba las blusas, al otro las faldas; en un tercer montoncito ordenaba los vestidos. Y así, sin confundir los montoncitos, iba poniendo cuidadosamente cada prenda, su ropa interior de seda y encajes, sus enaguas, sus medias y sus calcetines de lana para el frío. El álbum de fotografías seguía envuelto en el pañuelo.

Yo la miraba desde el rincón que había escogido para no interrumpirla. Por la manera como lo hacía, pensé que era algo muy íntimo. Nadie más que ella podía hacer lo que estaba haciendo con la ropa del baúl. Pasaba la mano sobre blusas, faldas y vestidos, como si los planchara. Los olía. Se acariciaba las mejillas con el terciopelo de una chaqueta corta, como de torero. Acomodaba al lado un abanico que combinaba el verde con el rojo desteñidos por el tiempo. Volvía a poner cada prenda en su sitio. Al final, metía de nuevo el álbum de fotografías encima de la ropa.

Al cabo de un rato, un largo rato en el que la abuela se dedicó a ordenar y ordenar de nuevo las prendas dentro del baúl, no pude evitar un acceso de tos. Una y otra vez. Fue una tos tan incontenible, que tuve que salir de mi escondite y presentarme como si acabara de entrar al cuarto.

Ella estaba cerrando la tapa del baúl y no se había percatado de mi presencia.

–Muy lindo –le dije.

Me miró con dulzura, o al menos eso creí yo al sentir su mirada.

–Muy lindo lo que estás haciendo, abuela.

–Lo hago por hacerlo –me respondió–. Por nada.

Estoy segura de que la abuela me respondió y que lo hizo con algo más que la dulzura de una mirada. Estoy segura de haber visto su gesto, como si me pidiera guardar el secreto del baúl. Estoy segura porque, al terminar de guardar la última prenda, unas enaguas de lino blancas todavía almidonadas, cerró la tapa y puso encima el pequeño tapete con el que adornaba siempre el baúl.

«Un pequeño tapete mexicano», le oí decir a mi madre.

Pensé que cada día y durante algún tiempo la abuela se ocupaba de su ropa. Lo hacía sola. Y lo hacía cuando la enfermera se iba por dos horas de casa, algo que sucedía después de las seis y media de la tarde.

Regresé a la misma hora del día siguiente al cuarto de la abuela y la volví a ver sentada encima de la alfombra, al pie de su cama. Exactamente a la misma hora del día anterior. Estaba sacando las prendas del baúl mundo, poniéndolas muy ordenadamente encima de la cama. El baúl mundo era la maleta de los viajes de antes, con secciones que dividían y ordenaban la ropa.

Esa vez no me escondí. Le pregunté si podía ayudarla y ella dijo que sí. No lo dijo como lo dicen las demás personas, diciendo sí o moviendo la cabeza. Lo dijo mirándome con sus brillantes ojos grises, como si de ellos brotara el resplandor de una llama. Me dijo que sí porque no se opuso a que lo hiciera. Lógico, ¿no? Si no te dicen no, te están diciendo sí.

Me llamó la atención el cuidado que ponía en un viejo vestido largo de seda floreada. Se lo llevó a la cara y respiró hondo, como si lo oliera profundamente. Su época de *hippy*, recordé. ¿Recordaba ella haberse puesta este vestido en sus locos años de *hippy*?

Sacaba las prendas, me las ponía en los brazos extendidos y yo las depositaba encima de la cama. Hice el amago de tomar el álbum de fotos y sentí su mirada fulminante. No dejaba que nadie tocara el álbum. Ni siquiera ella se atrevía a quitarle el pañuelo que lo cubría.

Nunca había visto ropa tan fina y tan antigua, ropa que nadie se atrevería a usar en estos tiempos. Ni siquiera la abuela o cualquier otra mujer de su edad. Entonces me imaginé que la abuela convertía cada blusa o vestido en un recuerdo. Como el vestido de seda floreado y largo. Esa ropa venía de otros tiempos y cada una de esas prendas devolvía a la abuela a un pasado cada vez más lejano.

La ceremonia del baúl no duraba más de una hora. No duraba más de una hora porque a las siete y... cuarto de la noche llegaban mis padres del trabajo. Era la hora de la cena. Después de la cena, vendría de nuevo la enfermera. Pensé que la abuela sabía eso perfectamente, que mis padres regresaban cada día después de las siete de la noche.

Me encantaba el aroma del alcanfor, pero no podía adivinar la procedencia de otros olores. Alcanfor y... No supe sino después que dentro del baúl, en el fondo, reposaban unos saquitos de yerbas secas perfumadas, lavanda, eucalipto, rosa.

Durante un tiempo que hoy no puedo calcular, tres, cuatro, cinco semanas, acompañé a la abuela en la ceremonia de abrir el baúl, extender y planchar la ropa con la palma de la mano, devolverla a su sitio y cerrar la tapa con delicadeza.

¡Qué extraño! Lo hacía siempre a la misma hora. No tenía un reloj en su cuarto. Mis padres decían que ella ya no podía leer un periódico o un reloj, que se le habían olvidado las letras y los números, pero, me preguntaba yo: ¿cómo hacía para estar siempre a la misma hora haciendo lo que hizo el día anterior? ¿Se le habían olvidado las letras y los números, o solamente las palabras para expresar lo que leía?

–El reloj biológico –respondió mi madre.

Me sorprende todavía que la abuela no haya querido ponerse ninguna de esas prendas. ¡Me habría encantado verla caminar con su vestido de gitana! O que no haya abierto el álbum de las fotos. Las miraba con amor, eso sí. Las sostenía en las manos como se sostiene algo que puede dañarse con el tacto. Creo que la sentí suspirar alguna vez al cerrar el baúl. Suspirar muy profundamente.

Lo que sigue siendo un misterio ocurrió la última vez que la acompañé a sacar, ordenar y acomodar de nuevo todas esas prendas en su lugar. Volvió a suspirar muy hondo. La miré y pude ver la humedad de sus ojos, las lágrimas que rodaban por sus mejillas. Pero la expresión de su cara no era de tristeza. De eso estaba segura: no había sido un suspiro de tristeza.

¿De qué había sido entonces? Pensé que el suspiro era la fuerza que hacía para viajar en el tiempo.

La abracé. La apreté contra mí. No le dije nada más. Al soltarla, le sequé los ojos con la yema de mis dedos. Salí del cuarto, me dirigí a un rincón de la sala y puse en un tocadiscos antiguo *Las sonatas para piano*, de Mozart. Seleccioné las n.º 4, 2, 12 y 15.

Era el tocadiscos que la abuela había tenido en su casa del campo, uno de esos aparatos que sostenían tres, cuatro, cinco discos encima. Al terminarse uno, caía el siguiente.

Desde el día en que escuché por vez primera esa música, si no recuerdo mal a los nueve años, les pedí a mis padres que me compraran el cedé.

–¿Para qué te vamos a comprar unos discos que ya tenemos en casa? –me preguntó mi mamá.

Buscó entre discos viejos y sacó un plato negro y pando. Un disco de 78 revoluciones, pesado, muy pesado.

–Aquí tienes algunas de las sonatas de Mozart –dijo mi madre.

¿Han escuchado esa música? No la puse para mí, la puse porque pensé que esa era la música que la abuela quería escuchar en aquellos instantes.

Mamamenchu no volvió a sacar la ropa del baúl. Trato de saber por qué no volvió a sacar la ropa y a guardarla con tan amoroso cuidado, y creo que lo dejó de hacer por ese suspiro tan hondo y por esas lágrimas tan repentinas.

Durante un tiempo, más o menos a la misma hora, le ponía *Las sonatas* y me dejaba llevar por las notas del piano. La abuela cerraba los ojos y se mecía lentamente en el mecedor vienés que le había regalado mi padre. Un día, mirándola a la distancia, creí que el balanceo del mecedor era como el movimiento de un barco sobre las olas de un mar muy tranquilo, tan tranquilo que parecía un lago de aguas profundas. La abuela no se balanceaba en una mecedora sino en la borda de un barco que la llevaba a lugares muy lejanos en la distancia y en el tiempo de su vida.

17

Mis padres no les dieron importancia a mis averiguaciones en los álbumes que tenían casi un siglo de vida. Casi un siglo porque mi abuela conservaba uno muy antiguo, que había pertenecido a sus padres. Allí encontré fotos con fechas increíbles: 1888, 1897, 1900.

¡Un siglo! ¡Cien años! Encontré postales fechadas en Panamá en 1900, escritas por el abuelo de mi madre. Me llamó la atención una que decía: «Esta guerra es lo más cruel y terrible que hemos vivido». 12 de octubre de 1900. «Pienso en ti y en nuestras criaturas en todo momento y solo deseo que Dios ilumine la mente de nuestros compatriotas y pongamos fin a esta carnicería que ya no tendrá vencedores sino vencidos», leí conmovida, avergonzada por haber visto lo que no estaba dirigido a mí. Tuve que hacer muchos esfuerzos para no seguir leyendo. Menos esfuerzos que los que hice para entregarles la postal a mis padres. Tal vez quisieran conocer su contenido.

–Habla de la guerra de los Mil Días –me aclaró después mi padre.

–¿Una guerra de mil días?

–Sí –respondió él–. No sé si duró exactamente mil días, pero así ha quedado grabada en la historia. Fue una guerra entre liberales y conservadores. Es el mismo abuelo que pintaba. Mejor dicho, tu bisabuelo.

Para que mi plan tuviera los resultados que yo esperaba, debía ponerle orden a cada cosa. ¿Podía volver a ver esas fotos delante de mi abuela, hojear el álbum delante de ella?

Mis padres no se opusieron. Que tuviera eso sí mucho cuidado, que no sacara las fotos de su sitio.

Mi madre me ayudó en algunas dudas. No tanto. Me ayudó con el nombre de los pueblos y ciudades donde se pudieron haber tomado algunas fotos y con el nombre de algunos familiares. Mi madre también tenía serias dudas sobre algunos rostros. No los identificaba muy bien, pues había rostros que nunca había visto.

–Este parece que es un primo hermano de mi madre –decía, pero no estaba segura–. Yo creo que esta foto la tomaron cuando mi madre y mis abuelos vivían en Cali. Allá al fondo se ve el puente Ortiz –decía con seguridad cuando identificaba de inmediato personas y lugares.

–¿Qué hacía la abuela en Cali? –le pregunté.

–Al padre de mi madre, mejor dicho, mi abuelo, es decir, tu bisabuelo, le ofrecieron un trabajo muy bueno en un ingenio azucarero que quedaba cerca de Cali y se trasladó para allá con la familia. Mi mamá contaba que allá había pasado los años más bonitos de su infancia corriendo y jugando entre los cañaduzales, que hacía mucho calor, que le gustaba la piquiña que producían las hojas de la caña cuando le rozaban las piernas y los brazos. Cuando el calor era muy fuerte, se iban a veranear a tierra fría en un pueblo llamado La Cumbre. ¡Mira! Creo que este es el pueblo.

–¿Cómo lo sabes?

–Por la ropa que llevan puesta –dijo–. ¿No ves que están muy abrigados?

Anoté en la libreta: «1927-1930». De los cinco a los ocho años en Cali, juegos en los cañaduzales. El río grande que se ve en algunas fotos debe ser el río Cauca. El río delgado que corre por la avenida es el río Cali. Viene de las montañas, al occidente.

–Más allá, al otro lado de la cordillera –dijo mi mamá–, está el océano Pacífico. No sé si hay fotos, pero mi mamá contaba que habían viajado a Buenaventura atravesando la cordillera. Se hospedaron en un hotel muy bonito recién construido.

–¡El Hotel Estación! –dije entusiasmada y señalé la fotografía. La abuela niña y sus padres posaban a la entrada de un magnífico hotel blanco. Una fecha: 1929. Los hombres vestían traje blanco, sombrero panamá y zapatos de dos colores. Todos llevaban corbata.

–Si no estoy mal, ese hotel lo construyeron en 1928 –dijo el ingeniero Blanco, mi padre.

Había empezado ya la primera etapa de mi plan. Y le puse un título: «Recordando que soy niña con la abuela».

Tenía que ir por partes para no perderme. Tengo que ir por partes para que ustedes tampoco se pierdan. Y llegando a este punto, me encojo de emoción y se me enfría la piel. Si pudiera olvidarlo, lo olvidaría.

Me encontraba en ese momento de mis planes cuando la abuela sufrió el accidente que la mantuvo en cama por cinco semanas que para mí fueron como un año. Nadie pensó que fuera a accidentarse al subir a su silla de ruedas. La enfermera no lo calculó, no lo calcularon mis padres ni lo calculó nadie. Tropezó, la enfermera perdió el equilibrio porque sostenía el peso del cuerpo de la abuela al tratar de acomodarla en la silla y ambas cayeron al suelo.

Esa fue la verdad. A la enfermera no le pasó nada, pero a la abuela tuvieron que llevarla al hospital con la cadera fracturada. Ahora puedo decirlo así de fácil. Al saber lo que había sucedido, no pude decir nada porque me resistí a la idea de visitarla en el hospital. No quería verla en ese estado. Era como si en medio de una bonita ceremonia, se cayera al piso un jarrón chino y hubiera que interrumpir la ceremonia.

¿Cuál ceremonia? Muy sencillo: estaba ordenando los álbumes de fotografías por fechas, me encontraba embebida yendo de un año a otro, reconstruyendo la vida de la abuela. Cada día, mientras estuvo en el hospital, contaba las horas, preguntaba a mis padres por el estado de la abuela, y me sentía injusta porque había decidido no ir a visitarla al hospital. Con el tiempo, años más tarde, me di cuenta de algo extraño: cada vez que sucedía algo terrible, lo primero que hacía era esconderme. Me aterraba enfrentarme a episodios desagradables, sentía pánico, pensaba que no podría soportarlo y por eso me escondía o escapaba.

Un día, antes de darle de alta, mis padres y mi tía se reunieron y hablaron de algo que solo después de unos días de espera pude saber: la abuela estaba mejor, la operación había sido delicada, pero era muy seguro que saliera del hospital con una anemia muy fuerte y que le costara respirar, que se confundiera más de lo que estaba y que ya no pudiera sostenerse por sus propios pies ni siquiera para saltar de la cama a la silla de ruedas. Desde entonces, respiró ayudada por una pipeta de oxígeno.

–La intervención quirúrgica –dijo mi padre– la dejó más débil que antes.

Tuve que hacer muchos esfuerzos para olvidarme del accidente e imaginar que, como no había pasado nada, la abuela volvería a emocionarse como antes si pasaba ante sus ojos las fotografías de otros tiempos.

Después del accidente, los cuidados fueron mayores. Mis padres me pidieron que no estuviera tanto tiempo con ella, que la saludara y la acompañara solo un rato al jardín, pero que, por favor, no distrajera a la enfermera.

En la primera visita que le hice en su cuarto, el

mismo día en que le dieron de alta, me fijé en sus ojos. Estaban entreabiertos. Sentí que se abrían un poco más. Pude ver entonces el brillo que despedían. No sé si me lo imaginé y lo sentí como si fuera un brillo verdadero. Pese al brillo de aquellos ojos, la abuela estaba más flaca, se veía que su salud había empeorado. Le toqué las manos y las sentí tibias y vivas.

No se quejaba. Por un instante, solo por un instante, me imaginé la débil rama casi seca de un árbol sostenida apenas de su tronco. Me dio rabia pensarlo porque, esa tarde, la abuela había vuelto a comunicarse con el fulgor de sus ojos. Mis padres multiplicaron los cuidados. Quizá por eso, cada vez que pedía permiso para jugar con la abuela, mi madre me decía siempre lo mismo:

–La abuela no puede jugar.

Jugar no era propiamente jugar. Significaba estar al lado de ella y mostrarle los álbumes de fotografías, hacerle muecas y esperar que ella reaccionara, hablarle en voz baja como si me fuera a responder; creer que me respondía, tomarle las manos *surcadas* de arrugas y sentir que la abuela apretaba suavemente las mías.

–¿Y por qué no puede jugar? –preguntaba yo.

–Porque está enferma.

Si el permiso se lo pedía a mi padre, él decía lo mismo que mi madre.

–La abuela está enferma y no puede jugar.

La única diferencia entre lo que decían mi madre y mi padre estaba en el orden de la frase. Ellos creían que no me daba cuenta del juego pero yo sabía que cambiaban las palabras para engañarme. Para engañarme o para que me aburriera y dejara de preguntar boberías.

–La abuela está enferma –empecé a decirles un día en tono de burla– y no puede jugar conmigo; no puede jugar conmigo porque está enferma.

–No te burles –me reprendió mi madre–. Con la salud de la gente no se juega.

Una mañana estaba yo sentada a la mesa, sin haber probado todavía los cereales, pues antes de meter la cuchara al plato le echaba la leche o el yogur. Y como yo nunca sabía si lo que quería esa mañana era leche o yogur, antes de tomar la *trascendental* decisión de preferir uno de esos lácteos, le dedicaba una mirada adormilada de dos o tres minutos al plato.

–Estás metiendo la cabeza en el plato como si desaparecieras en un mar de leche y cereales –me dijo mi madre.

–No es mala idea –le respondí–. Un día de estos lo hago: me meto de cabeza en un mar de leche y cereales.

Y me imaginé entrando de cabeza en un plato lleno de leche y cereales. Un verdadero mar que me llevaba al fondo de un plato mucho más profundo. Al final del plato encontraba dibujos de animales. No eran los dibujos de mi plato sino animales que no vivían en el mar, ranas, sapos, culebras pequeñísimas como lombrices, abejas, abejorros, lagartijas, salamanquejas. Algo muy confuso sucedía en el fondo de ese plato.

De repente, los pequeños animales no eran sino hojuelas de cereales de todos los colores nadando en un plato de leche.

–Mamá –cambié de conversación–, ¿cuántos años tiene ahora la abuela?

–La abuela tiene ochenta y un años.

–Ochenta y un años tiene la abuela –repetí.

Estaba jugando al mismo juego, golpeando con la cuchara los bordes del plato. *Tamborileando* en el plato, pensé al encontrar la palabra exacta.

Mis amigos de ahora dicen que ya no soy una niña muy alegre sino una jovencita de diecisiete años que parece a veces muy triste. Y como eso es lo que dicen los demás y no lo que yo pienso de mí misma, no voy a ponerme a discutir. Además, no puedo ser la niña muy alegre de antes por la sencilla razón de que ya no soy una niña sino una adolescente que trata de escribir su primer libro.

Ni soy una niña ni me pasan las cosas que me pasaron a los doce años. Y eso, aunque les parezca repelente, tiene una consecuencia lógica que no es difícil imaginarse.

Consecuencia lógica. Sé que puedo parecer repelente al hablar de la niña que era entonces. Pero no importa. Cada uno piensa según las experiencias de su vida, experiencias que son como pinturas de diferentes colores sobre una superficie. Sobre una pared, por ejemplo, a la que muchos años después se le encuentran esas capas. Y puesto que antes de pintar hay que raspar las paredes, durante el raspado se conoce el color de la pintura sobre la que antes pintaron. Y así, sucesivamente, se encontrarán las capas de pintura de muchos años atrás, hasta llegar a la primera capa.

18

Siento que este cuento es como una madeja de hilo que se va desenredando en mi memoria. Hay momentos en los que la madeja se aprieta y el hilo no cede. Como si le hubieran hecho un nudo. Me quedo entonces quieta y creo que no podré seguir desenredando esta historia. De repente, ahí está de nuevo la punta. La madeja se afloja y vuelvo a coger el ritmo de lo que venía contando. Y la historia se desenreda porque al principio estaba enredada. Mejor dicho, no era ninguna historia ni sabía por dónde empezarla. Tenía la madeja, la apretaba en la mano y nada.

Un día todo empezó a ser mucho más fácil. Sentí que la madeja que me quitaba el sueño mostraba la punta del hilo. Había que tirar de ella para que empezara a desenredarse.

Y para desenredar una madeja de hilo hay que buscar las puntas perdidas. Por eso voy y vengo, de adelante hacia atrás, buscando la punta del hilo perdida en la madeja.

A veces me detengo en asuntos que a lo mejor no me interesan sino a mí, a la adolescente que empecé a ser sin saber en qué momento había dejado de ser una niña. Ustedes saben, no tengo que repetirles lo que le pasa a una niña que empieza a volverse adolescente. Pero este no es tampoco el asunto que me interesa contar.

Quisiera acabar de contarles lo que empecé hace rato: que cuando mis padres repetían lo mismo cambiando el orden de las palabras, me burlaba de ellos repitiendo lo que ellos decían pero poniéndole un poco de música. De *retintín*, digo yo.

19

Todos los días me levantaba muy temprano. A las seis menos cuarto de la mañana. Apenas tenía tiempo de bañarme, cambiarme y desayunar deprisa en la cocina. A esas horas nunca preguntaba por la abuela. Sabía que a esas horas ella debía de estar durmiendo. Y puesto que yo no venía a almorzar a casa porque almorzaba en el colegio, llegaba a las cinco y media de la tarde y lo primero que hacía era asomarme al cuarto de la abuela y darle un beso en la mejilla. Si no estaba en el cuarto porque el atardecer era bonito, la buscaba en el quiosco del jardín. La encontraba sentada en el mecedor, como si estuviera contemplando la caída del sol. Mis padres decían que a la abuela siempre le había gustado contemplar el sol de los venados.

La verdad es que el jardín de nuestra casa no estaba muy cuidado. El quiosco era un sitio bonito, redondo y grande, con techo de paja. Y no estaba bien cuidado porque mi padre lo prefería así. Decía que le gustaba que el jardín tuviera una vegetación *agreste*, esa era la palabra que usaba. Y yo me imaginaba que agreste era todo lo que creciera sin ponerle demasiados cuidados.

Un día me imaginé con los cabellos agrestes, tan largos y desordenados, que parecían un jardín descuidado. Otra noche soñé que el jardín era tan agreste que las ramas de los árboles no eran verdes sino negras, que se movían con el viento, de pronto ya no eran negras sino moradas y verdes, soñaba que el tronco de esos árboles se movía también y que, poco a poco, eran como inmensos y extraños animales prehistóricos moviéndose entre árboles inmensos. Las ramas de un árbol se enredaban con las de otro árbol. Crecían, iban creciendo, crecían tanto que empezaban a salirse del jardín de nuestra casa. Las ramas de ese árbol misterioso destruían los muros y avanzaban hacia la calle mientras yo las contemplaba en las profundidades de mi sueño. Y como tenía la sensación de quedarme sola y quieta mientras los árboles salían del jardín, saltaba por la ventana y me iba detrás de los árboles gigantescos que avanzaban por el centro de las calles vacías de una ciudad desconocida. No conocía la ciudad del sueño. Les gritaba que me esperaran, pero el viento que empujaba a los árboles era cada vez más fuerte. Un vendaval. Ya no podía correr detrás de los árboles convertidos en gigantescos animales desconocidos. No podían tampoco esperarme. Las ramas parecían brazos, las hojas parecían alas sin ser alas,

las raíces eran como los brazos de un animal marino. Un pulpo grandísimo. Como los brazos de un pulpo oscuro y grandísimo. Me había metido en una extraña selva de árboles y animales, árboles que parecían animales, animales que tenían la forma de árboles. Pero me llamaba más la atención y me hipnotizaba el árbol que parecía un animal marino.

Imagínense la clase de pulpo en que se convertían las raíces del árbol.

Las calles dejaban de ser calles y parecían un mar revuelto en el último día del mundo. Por el mar, como extraños barcos salidos de las profundidades, avanzaban árboles con ramas parecidas a los brazos de un pulpo oscuro. A los animales les salían raíces y a los grandes árboles les salían patas. ¡Qué confusión! Distinguí al final el *Ficus tequendamae* que me había ayudado a descubrir la abuela. En el fondo, muy en el fondo, ella me hacía señas de acercarme pero yo ya no podía seguir.

Cuando desperté, me sentí muy emocionada y sola.

Recordé el sueño y me dirigí hacia la ventana que daba al jardín. Los árboles seguían en el lugar de siempre. Eran solamente árboles de un jardín agreste.

Esa tarde, le conté mi sueño a la abuela. Le hablaba y ella me miraba fijamente y yo estaba segura de que me escuchaba. Creo que le saqué una sonrisa.

Después de aquel sueño, no fui capaz de mirarme al espejo e imaginarme con un bosque de cabellos enredados, tan enredados como se enredan en los bosques las ramas, las lianas y hasta las raíces.

–Abuela, soñé que me convertía en un nudo de ramas y raíces –dije en voz alta para que la abuela me escuchara. Tal vez pudiera entenderme, quizá guardara estas imágenes y sonriera para dentro.

Mis padres aseguraban que la abuela ya no sabía que yo era su nieta Alexandra, la muchachita que se alegraba al verla y la saludaba de beso y que ella cargó alguna vez en sus brazos. Para la abuela, todo era ahora lo mismo: los besos, los rostros, las personas. Eso creían mis padres. Era muy triste darse cuenta de eso, me dijeron. Y me hablaron de los síntomas de la enfermedad que se habían empezado a agravar en Cartagena.

La abuela no sabía tampoco que esa mujer, mi madre, era su hija y ese hombre, mi padre, su yerno. No sabía que la mujer se llamaba Francina y el hombre Alfonso. Eso decían ellos. No sé cómo hacían para saberlo. Uno puede saber las cosas sin tener que decirlas.

–En el mundo en que ella vive –dijo un día mi padre–, todo es un misterio.

–¿Qué es un misterio?

Lo pregunté por preguntar. Yo sabía lo que eran los libros y las películas de misterio, y sabía que las películas de misterio eran las que nos meten miedo en cada escena, y el misterio consiste en no saber lo que va a pasar en la escena siguiente.

–Un misterio es todo lo que pasa y existe pero

que no comprendemos por qué pasa o existe –se le adelantó mi madre, como si yo le hubiera hecho a ella la pregunta.

Fui a buscar el diccionario y allí decía que misterio es «una cosa *arcana* o muy *recóndita*, que no se puede comprender o explicar». Pero ¿qué quería decir arcana, qué quería decir recóndita?

Me puse a buscar después esas palabras. Recóndito es algo muy escondido y arcano es recóndito y secreto. Mejor dicho, lo mismo. Ese es el problema de los diccionarios: una palabra lleva a otra y de esa palabra te devuelven a la primera. Un círculo vicioso, dijo mi profesor de lengua cuando se lo comenté.

Cada vez que iba a buscar palabras en el diccionario las escribía en una libreta. Recuerdo mejor las cosas si las escribo. Guardo esas libretas desde pequeña y por eso recuerdo muchas cosas, porque las escribo. Si me dedicara a ordenar esas libretas por cursos en la escuela, podría medir la *estatura* de mi vocabulario. Yo sé que un vocabulario no tiene estatura sino extensión, pero no me importa. Así como se mide el crecimiento de los seres humanos, en la misma forma debería medirse el crecimiento del vocabulario. Uno se vuelve mayor cuando sabe y recuerda más palabras.

No sé, eso es lo que pienso.

¡Cómo has crecido!, deberían decirle a uno cuando utiliza muchas palabras nuevas, distintas de las que había usado el año pasado.

20

Fotos amarillas, fotos con raspaduras y partes borrosas. La abuela y sus padres, mis bisabuelos. Una foto de la abuela con sombrero, montada en una carreta, con los pies al aire. ¡Qué linda niña! En la carreta van sentados y de pie muchos hombres negros descalzos, con sombreros de paja rasgados, embutidos en la cabeza. Todos llevan machete en la cintura. Trabajadores del ingenio. La carreta es tirada por un buey. A ambos lados de la carreta, a ambos lados del camino, se ven sembrados de caña de azúcar. La vista no alcanza a seguirlos hasta el final. ¡Qué feliz debió de ser la abuela en esos tiempos!

Fotos para la primera etapa.

Las marqué con pedacitos de papel en los que escribí unas pocas palabras que me ayudaran a recordar lo que pensaba decir al mostrar esas fotografías a la abuela. Unas pocas palabras. O unas preguntas muy breves.

La primera noche que pasé después de haber mirado los álbumes con las fotos de la infancia de la abuela fue muy extraña. Dormía a ratos. Me despertaba y sentía que el álbum no estaba en la mesita de noche sino debajo de la almohada. Soñé que abría las páginas del álbum y que las fotos habían desaparecido. Además, no era un álbum viejo sino un álbum nuevo, de brillantes tapas doradas.

El sueño fue en verdad una pesadilla: veía un álbum de fotos sin fotos. Un álbum que era muy antiguo convertido en un álbum nuevo y sin fotos. Trataba de tomarlo en las manos y quemaba. No era cuero ni plástico el material de que estaban hechas las tapas del álbum. Quemaban. El álbum se abría sin que nadie lo tocara y las páginas iban pasando como si una mano invisible recorriera cada hoja. Era un álbum de fotos sin fotografías.

Me desperté sudando. El álbum seguía en su sitio, era el mismo álbum de fotos viejas, las páginas estaban marcadas con papelitos de notas.

Era sábado, recuerdo. Por lo general, los sábados dormía hasta más tarde. Me levantaba a las nueve o a las diez, pero ese sábado me desperté como siempre, a las cinco de la mañana, y salí al comedor a las seis y media, en pijama y con el álbum en la mano.

–¿Qué hace levantada a estas horas? –me preguntó la empleada cuando me acerqué a buscar un vaso de leche en la nevera.

Allí estaban mi abuela en su silla de ruedas y la enfermera, de pie, tomándose un café con leche, al parecer recién levantadas. La silla de ruedas representó la llegada de un objeto que le *infundió* más gravedad a la enfermedad de la abuela.

–¿Qué es eso que lleva en los sobacos? –me preguntó la enfermera.

–Un álbum –dije, sin dar más explicaciones.

–Eso veo –respondió ella–. Es un álbum de fotos y, por lo que veo, de fotos muy antiguas.

–Un álbum de fotos muy antiguas –repetí.

–¿Qué le doy de desayuno, niña Alexandra? –preguntó la empleada.

–Nada –dije–. Cereales con frutas.

–¿No quiere huevos revueltos?

–No tengo hambre –dije.

La enfermera le estaba dando de comer a la abuela. Le estaba dando la colada de avena en la boca. Despacio. La abuela abría a duras penas los labios. Comía. Se veía que comía porque se notaba el paso de los alimentos por la garganta. Estuve a punto de decirle:

–Abuela, estoy conociendo muchas cosas de tu vida. No me habías contado que estuviste en el Hotel Estación de Buenaventura.

No se lo dije. Tampoco le hablé del Hotel Alférez Real de Cali, donde la familia iba a menudo a tomar refrescos y visitar una vez más la iglesia de La Ermita. Quería decirle que me encantó la foto en que aparece sola. Debió de ser a los cinco o seis años. Se la ve montada en un pony, con sombrero mexicano que le cubre casi toda la cabeza, seguramente en un parque porque alrededor de ella se ve mucha gente, bancas, árboles, y una fuente que expulsa chorros de agua al cielo.

Tenía la impresión de estar caminando hacia adelante y de espaldas, como me lo había enseñado ella en un paseo por el campo. A medida que avanzaba en el tiempo y la abuela abandonaba la niñez, veía las imágenes que iba abandonando. La distancia se alargaba, era cierto, pero lo que se perdía en el horizonte lo remplazaba algo nuevo que aparecía en las fotografías siguientes. Era como estar sentada de espaldas a la marcha de un tren o de pie en el último de sus vagones.

–¿Le sirvo los cereales, niña Alexandra?

–Gracias, yo misma me los sirvo.

Me preparé la taza de cereales con leche y pedacitos de frutas: mango, manzanas verdes y peras maduras. Y regresé a mi cuarto después de haberle dado un beso a la abuela.

21

Al principio, sucedía sin que yo lo decidiera. Después, al saber que los recuerdos devolvían el tiempo a la época y lugar que uno quisiera, le encontré sentido al hecho de quedarme mucho rato y silenciosa al lado de la abuela. Uno siente el calor. Al rato de estar sentada al lado de alguien, sin tocarse, una siente el calor. Es un calor muy agradable. Aumenta poco a poco. No es necesario hablar. En algún momento, parece como si uno estuviera hablando con la persona que tiene al lado. Por eso hay gente que no soporta estar sola. Pienso en esa gente, me imagino que es gente que no tiene con quién sentarse en silencio y pasar un rato sintiendo el calor de la compañía. Al pensar en esto, imaginé a la abuela en el asilo y me dio por creer que allí no había encontrado nunca el calor de las personas que se sentaban a su lado. Por eso le fastidiaba todo: que encendieran el televisor cuando ella estaba embelesada mirando la pantalla en blanco; que la pusieran a hacer gimnasia cuando ella prefería estar quieta; que la llevaran de paseo por ese jardín sin árboles precisamente cuando ella permanecía quieta y con la mirada puesta en las ramas de un árbol imaginado y en el nido de pájaros que se escondían entre esas ramas.

Nadie quiere que lo muevan del sitio donde está quieto y feliz.

–Estar acompañado –le dije un día a mi madre– no es estar hablando con la gente. Hay veces en que me siento mejor acompañada con el silencio.

Por una vez en la vida, me dijo que tenía razón.

–A eso es a lo que le llaman calor humano –dijo ella dándome un beso en la frente y abrazándome.

Me negaba a pensar que la abuela no se enteraba de nada. No quería aceptar que ella no sabía que yo era su nieta o que Francina era su hija y Alfonso, mi padre, su yerno. Sobre todo, yo no quería aceptar que la abuela no sabía que su nieta le estaba hablando de los viejos tiempos, de cuando jugaban juntas, de cuando ella se ponía de mi parte si mis padres me prohibían hacer algo o me castigaban por haberlo hecho.

La abuela estaba siempre allí para defenderme.

–Mamá –le pedía mi madre a la abuela en ese entonces–. No alcahuetee tanto a la niña.

La niña era yo. A veces, quisiera volver a ser esa niña.

La máquina del tiempo retrocedía lentamente.

Pude habérselo dicho a mis padres. Si no lo hice fue porque siempre tuve miedo de que no lo entendieran. Además, ese sería mi secreto. La abuela no sería la anciana silenciosa, incapaz de valerse por sí sola, incapaz de saber que se estaba haciendo sus necesidades sin saberlo. Nada de eso. Lo que yo quería era que, a su lado, pensando en ella, teniéndola cerca o sabiendo que estaba en su cuarto, ella dejara de ser la mujer que era ahora y volviera a ser la que fue hace años en mi vida.

La abuela lloraba a veces en silencio y yo pensaba que no estaba llorando. La gente llora porque algo le duele, por dentro o por fuera. Se llora también de emoción. De felicidad. Se llora porque se ha perdido algo que amábamos.

¿Lloraba por alguna emoción?

No, las emociones son distintas. Aunque lloren los ojos, a las emociones se les puede ver un brillo especial.

Pensaba que la abuela tenía los ojos cansados, que se le cansaban de tenerlos todo el tiempo abiertos. Y que las lágrimas eran la protesta de los ojos porque la luz era muy fuerte. Por eso se le salían las lágrimas, porque la luz era muy fuerte.

Mis padres no querían que yo ayudara a la enfermera. No me lo prohibían directamente. Yo sentía que no les gustaba. No querían que, por ejemplo, ayudara a bañar a la abuela. Yo sabía cómo hacerlo porque había visto cómo lo hacía la enfermera: le quitaba la ropa y, con cuidado, la metía en la bañera, llena de agua tibia. Entonces le pasaba una esponja con jabón líquido por el cuerpo, muy lentamente. Por la espalda, por el cuello, por el estómago, por los muslos, por las piernas. Ella cerraba los ojos. Le hacía cosquillas cuando le pasaban la esponja por la planta de los pies. Y si cerraba los ojos cuando le chorreaba por la cara el agua y la espuma del jabón, era porque sabía que el jabón le irritaría los ojos.

Los pechos de la abuela eran pequeños y arrugados. Toda su piel era arrugada y blanca, casi amarilla, llena de pecas y con venas que sobresalían. Por la falta de sol. Yo pensaba que era una piel tersa, que debía de ser muy tersa.

Se lo dije un día a la enfermera.

–Sí, es muy tersa –respondió ella.

–¿Puedo frotarla con la esponja?

–Pásale la esponja por la espalda y verás lo tersa que es su piel –me dijo ella.

Recuerdo que mi madre entró al baño y me pidió que la dejara sola con la enfermera.

¿Para qué se quedaban solas mi madre y la enfermera?

Tonterías.

Mi madre no quería que pasara mucho tiempo con la abuela. ¿Por qué? Un misterio. Otro misterio. Un día lo aclararía, me dije, aunque lo aclaré al escuchar que mi madre le pedía a la enfermera ser muy estricta y no permitir que yo estuviera todo el tiempo con ellas.

–No quiero que la niña se acostumbre a estar siempre con ella –escuché que le decía a la enfermera–. La enfermedad de mi madre es muy grave y ella parece no haberse dado cuenta.

Me fui a buscar la palabra «enfermedad» y encontré que es «una alteración más o menos grave de la salud». Y como hay que saber lo que es salud, fui a buscar esa palabra.

Mi mamá se dio cuenta de mis pesquisas y me preguntó si quería saber qué eran enfermedad y salud.

–Pues no –le dije–. No fui a buscar en el diccionario lo que quiere decir salud, porque sé que es lo contrario de enfermedad. Puro sentido común, mamá. ¿Por qué dicen que la abuela está enferma?

–Porque no recuerda nada –dijo mi padre.

–¿Qué hace la abuela, sentada todo el día en el mecedor de su cuarto? Los enfermos no se pasan todo el día con los ojos abiertos, sentados en un mecedor. No veo que a la abuela le duela nada, no se queja nunca y siempre tiene buen color en la cara.

–No se sabe –dijo mi padre–. A lo mejor piensa, pero no puede decir lo que piensa. Lo que la abuela tiene se llama enfermedad del olvido.

–A lo mejor recuerda y piensa pero no puede decir lo que recuerda y piensa –dijo mi madre.

No había quién los entendiera. Quiero decir: a mi madre y a mi padre no los entendía nadie.

22

El cuerpo de la abuela se había vuelto muy flaco. No es que hubiera sido gorda. Me acuerdo de una mujer elegante, siempre con el moño alto y bien hecho, su pelo blanco recogido en un moño, una perfecta montaña de nieve. Recuerdo sus lindas peinetas de carey. No había sido gorda; sucede que se había vuelto muy flaca.

Al verla la primera vez en la bañera, me impresionaron su flacura y su piel blanca, la marca de las costillas, los hombros con huesos salidos y filudos. La flacura de la abuela no era la flacura de una enferma sino de alguien que ha adelgazado mucho. ¿Era por la dieta de líquidos que le daban?

–¿Por qué le dan de comer tantos líquidos y papillas? –pregunté un día a la cocinera de la casa.

Me respondió que a la abuela se le había olvidado masticar la carne y el pollo y el pescado. Tenía buenos todos los dientes, pero las sopas que ella le preparaba eran sopas hechas con carne, con pollo o con pescado triturados. Así que no estaba flaca por la dieta sino porque hay viejos que se van adelgazando hasta quedar en los huesos.

No me gustó esta explicación. Traté de recordar si había conocido ancianas muy gordas y no encontré ninguna. Seguramente había ancianas gordas. Muchas. Y si las había, yo no las conocía. Así que empecé a pensar que todas las ancianas eran como mi abuela: flacas, muy flacas, huesudas, *frágiles*, como pajaritos.

¿Conocían esa palabra, frágiles?

–Vete a tu cuarto –decía mi madre si creía que ya había pasado demasiado tiempo con la abuela, si ayudaba a darle de comer, si elegía el vestido que le pondría la enfermera.

Ustedes creen que no puedo hacer que mi abuela juegue conmigo, que si lo hago, ella ni siquiera se va a enterar de que su nieta Alexandra juega para que ella también juegue. Pensaba decirles eso a mis padres. Nunca se lo dije. Pero una cosa era cierta y se la voy a decir a ustedes. Si se la hubiera dicho a mis padres habrían dicho que eran embustes míos. Se lo voy a decir ya mismo: el día en que saqué la ropa de Melisa del pequeño armario de cartón que yo misma forré con terciopelo rojo, la caja donde le guardo la ropa; el otro día, cuando me senté en el suelo a poner orden en el armario donde guardaba la ropa de Melisa, el rostro de mi abuela se llenó de alegría. Puedo jurar que vi el movimiento de sus labios, como si fuera a decir algo.

Melisa fue un regalo de mi abuela. Es una muñeca ahora muy vieja que me regaló ella cuando yo tenía cinco años. Me gusta por lo vieja y porque es la única muñeca que conservo de aquellos años, cuando me gustaba jugar con muñecas. Ya no juego con muñecas, ni más faltaba. Pero Melisa no era una muñeca sino una amiga. Hablaba con ella. Dormía con ella. A veces me bañaba con ella en la tina llena de agua tibia y rebosante de espuma. Para hacerlo la envolvía en papel delgadito y transparente, de ese que se usa para guardar los alimentos en la nevera, la envolvía en su vestido de plástico. No lo hacía siempre porque la pobre Melisa fuera de trapo y de tanto vestirla y desvestirla con el plástico se mojara y pudiera podrirse.

A nadie le dije todavía juego en la bañera con esta muñeca porque se burlarían de mí. Así que el día en que vi el rostro alegre de la abuela y la sonrisa de sus labios y el brillo de sus ojos, creí que todo eso sucedía porque ella comprendía lo que yo estaba diciéndole a Melisa. Todo eso estaba pasando porque se sentía feliz de verme jugando con una muñeca que ella me había regalado a los cinco años.

–Pórtate bien –le decía yo a Melisa–. Si te portas bien, la abuela nos va a llevar a un largo viaje. No me preguntes adónde. La abuela no me ha dicho todavía adónde vamos a viajar, me dijo que nos llevaría a un país lejano.

Levanté la vista hacia los ojos de la abuela. Había dejado de balancearse en el mecedor.

–¿Es o no cierto que nos llevarás a un largo viaje? –le pregunté mientras alisaba con la palma de la mano la ropa de Melisa.

Ella dijo que sí. De eso estaba segura: me había dicho que sí, moviendo apenas los labios y la cabeza. Para responderme había dejado de mover el mecedor.

En ese momento, yo creía que empezaba a entenderme con la abuela, pero vino la enfermera y se la llevó a su cuarto. A cambiarle los pañales. A la abuela le daba pereza hacer por sí misma las cosas que siempre hizo en la vida. Le daba pereza ir al baño. Como a los niños que se orinan en la cama porque les da miedo levantarse en la noche, ella también se orinaba en la cama. Le daba pereza hacer lo que siempre hizo, por eso hacía las necesidades en la silla o en la cama. Sabía que una enfermera vendría a ayudarla, a cambiarle los pañales si se orinaba, a limpiarla y lavarla si se hacía popó. O a llevarla con tiempo al baño para que no se hiciera esas cosas con la ropa puesta.

Cosas naturales, de todas maneras, aunque haya todavía personas que no hablan de estas cosas porque creen que son cosas groseras.

–Esto empezó a sucederle hace como un año –me dijo la enfermera, porque antes no era así. Ella controlaba sus necesidades.

23

La abuela está sentada en un banco de madera del jardín, apoyada en almohadones, debajo de un árbol cuyas ramas me caen sobre la cabeza. Así me veo ahora: sentada al lado de la abuela enseñándole las fotos de su infancia.

Un jardín agreste entre las tres y las cinco de la tarde, cuando el sol no calienta todavía.

Una manta de lana arropa los hombros de la abuela. Un suéter de lana me abriga.

Papá y mamá no están en casa. La enfermera mira televisión en la sala, feliz porque la libero de la responsabilidad de cuidar a la abuela. Voy pasando las páginas y percibo que la abuela dirige los ojos hacia las fotografías. En un momento, creo que levanta una mano y señala la foto con el índice.

–¿Esta? –le pregunto, acercando el álbum a su vista.

–Mamá –le oigo decir en un susurro.

La foto muestra a una niña de seis o siete años

tomada de las manos de un hombre y una mujer en el centro de un parque o una plaza.

¿Comprendió lo que quería decirle? Tal vez. Yo comprendí que la abuela se había reconocido tomada de las manos por sus padres.

–Mamá –repitió, pronunciando despacio las dos sílabas.

Creía que prolongaba así su felicidad, si era felicidad lo que le producía haber reconocido a su madre y haberse reconocido ella tomada de las manos por sus padres. Pero no. La emoción de la abuela duró muy poco. No volvió a decir mamá ni a mostrarse emocionada.

En adelante, aunque yo pasara las páginas del álbum y las acercara a su vista, ella no reaccionaba. Empezaba a entrar en un estado de indiferencia, se empezaba a ausentar, se sumergía en su laguna.

24

Pasaron unos días. Pasaron como venían pasando, con la lentitud de un caracol que se desliza por la tierra húmeda. Esa tarde, los rayos del sol de los venados cayeron sobre su rostro. La vi de lejos, inmóvil, sentada en la silla de ruedas. Tenía miedo de acercarme.

¿Por qué? Tal vez porque no quería enfrentarme a la verdad y la verdad estaba allí en aquel rostro iluminado por la luz de un atardecer.

Cada día, a partir del momento en que decidí estar al lado de la abuela por lo menos una hora, sentía algo nuevo. Siempre algo nuevo. Lo que recordaba hoy era diferente de lo que recordaría mañana. Lo que vería mañana en la abuela, al hablarle o ponerme a jugar con un objeto diferente, sería distinto de lo de pasado mañana. Misteriosamente, la miraba y creía que no estaba mirando a una anciana sino a una niña que iba creciendo ante mi vista. De niña pasó a ser adulta. Una mujer muy bella y joven sube a un barco que la llevará de Honda a Barranquilla. Una pareja de novios y, al fondo, la caída de agua del salto del Tequendama. Una familia la despide en la estación de trenes de la Sabana. La fecha es borrosa. Creo que dice «1946». Si me lo permitían, me sentaba a su lado. Pasaba lo que había pasado cuando hablé con Melisa, la vieja muñeca de trapo. Sentía que la abuela movía los labios, sentía que se le iluminaban los ojos. Si lo que le sucedía a ella era un misterio, yo pensaba en ese misterio. Trataba de imaginarme lo que había dentro de esa manera misteriosa de vivir sin reconocer a nadie. Sin hablar con nadie. Sin tener idea del tiempo.

Decidí que cada día sería diferente porque yo llevaría algo diferente para estar al lado de la abuela. Tenía que inventarme su vida, pues la que conocía era apenas un pedacito de esa vida.

25

Una mañana me desperté inquieta y vi que la abuela había envejecido en una noche mucho más de lo que había envejecido en el último año. La luz del sol le volvía más pálido el color de la piel. Una palidez iluminada, pensé con emoción y tristeza.

–¿Cómo está la abuela? –le pregunté la noche anterior a la enfermera.

No respondió de inmediato. Le insistí dos, tres veces.

–No está como antes –dijo ella.

Me hizo señas de que saliera del cuarto. Iba a limpiarla y a cambiarla. La enfermera decía que nadie podía estar presente cuando ella hacía la parte más privada de su trabajo. La más triste de todas, me dijo.

Mis padres andaban como sonámbulos por la casa, sin atreverse a mirarme. Hacían las cosas de siempre, pero hablaban en voz baja, llamaban por teléfono encerrados en su cuarto y evitaban estar cerca de mí. Vinieron la tía Esmeralda y el tío Arturo, sin los primos.

Aquella noche, antes de dormirme, me puse a pensar en el viaje que haría con la abuela. No soñé con los viajes que había imaginado despierta. Mis sueños fueron como un naufragio en las profundidades del océano. No fue un naufragio donde la gente siente desesperación por salvarse y miedo de no ser rescatada. No, me fui hundiendo en un mar lleno de peces, como si nadara hacia abajo en un acuario sin fondo. Me detenía a descansar en alguna roca y seguía bajando. En cada nueva roca me rodeaba un nuevo e increíble número de peces que no eran peces, de plantas que se confundían con los peces, algas que se me enredaban como una malla en el cuerpo, como si me envolvieran para protegerme.

De pronto, al mirar hacia las profundidades más profundas, veía a la distancia a la abuela. Me hacía señas. Me llamaba. Y hacia ella me dirigí con la velocidad del más veloz de los peces. Una imagen repetida en sueños anteriores. Descendía, descendía, sentía que la abuela estaba cerca, pero no estaba en realidad tan cerca como lo había creído hacía unos segundos. Mi viaje en aquellas profundidades empezaba a ser un viaje angustioso. Empezaba a sentir la angustia de no poder llegar al fondo de las aguas, al fondo donde esperaba la abuela. Bajaba y bajaba y era como si me alejara más de ella.

Las algas que me envolvían el cuerpo se enredaron en las puntas de una roca y me quedé inmóvil. Inmóvil y agitando débilmente las manos.

Me desperté con esta angustia.

Fui a buscar agua a la cocina porque estaba sedienta.

¿Y a quién encontré en la cocina, sentada en una butaca y con los ojos bien abiertos?

A la abuela.

Se había despertado y le habían entrado ganas de beber algo, pensé. Tenía sed. Y aunque siempre se le dejaba un vaso de agua fresca en una jarra, a lo mejor no se había dado cuenta de que la jarra seguía como siempre en su mesita de noche. O ya no podía recordar que siempre le dejaban un vaso de agua en su mesita de noche.

–¿Qué haces despierta a estas horas? –le pregunté–. Estaba soñando contigo.

Abrí la nevera, me serví agua helada de la jarra y la abuela me miró como si se le acabara de abrir una puerta después de haber estado luchando por encontrar una salida. Se había quedado quieta viendo el movimiento de la puerta de la nevera, como si acabara de descubrir que para abrir había que tirar hacia adelante y para cerrar empujar suavemente para atrás.

–¿Tienes sed?

No respondió.

Le serví un vaso de agua, se lo entregué en las manos y lo bebió de un largo sorbo y casi sin respirar.

–Ven, abuela, te acompaño a tu cuarto.

La enfermera que dormía con ella en la otra cama del cuarto seguía en el más profundo de los sueños. Acompañé a Mamamenchu a su cama y le di las buenas noches.

Ustedes se sorprenderán de que cuente esta escena como si de verdad hubiera sucedido. No, nunca sucedió, nunca encontré a la abuela en la cocina por la sencilla razón de que la abuela ya no podía moverse sino en silla de ruedas y empujada por alguien. Caminaba un poco pero no la dejaban porque corría el riesgo de caerse. Imaginé la escena y la recuerdo como si hubiera sido cierta.

Esa noche ocurrió algo muy raro. No era la primera vez que me sucedía: soñaba que me había despertado y me dirigía a la cocina y que allí me había encontrado con la abuela, le había dado un vaso de agua y la había acompañado de nuevo a su cama. Una sueña a veces que se despierta pero la verdad es que sigue soñando. Después viene la confusión: ¿eso me pasó dormida o me pasó despierta? Un misterio.

A la mañana siguiente, al pasar las páginas del álbum con fotos de la infancia, sentí revivir la placidez de la abuela, el calor de su cercanía. Por momentos, sentía que ella inclinaba el cuerpo hacia un costado del mío. Me había sentado a su lado, acercando una silla de mimbre a la silla de ruedas. La veía cerrando los ojos por algunos instantes y me imaginaba que los cerraba para poder regresar al lugar y momento en que tomaron la foto de los cañaduzales y al día en que la montaron por primera vez en una carreta llena de caña de azúcar tirada por bueyes.

Creí, desde lo más hondo de mis sentidos, que cuando me detuve a mostrarle esta foto, la abuela dijo, señalando débilmente con un dedo:

–Azúcar.

Iba a darle vuelta a la página y sentí un gesto de protesta.

–¿La quieres volver a ver?

La abuela apoyó la yema de unos pocos dedos en la superficie de la fotografía. No pronunció otra palabra. Aquel gesto me hizo suponer que la imagen de una carreta que transportaba caña de azúcar, con dos trabajadores negros que guiaban al buey que la arrastraba, y la imagen de la niña que iba sentada en medio de ellos, estaba devolviendo a la abuela a los lejanísimos años de su infancia. Le enseñé las fotos tomadas en el puente, otra en el centro del parque de Caycedo, en Cali. ¡Qué altas y esbeltas eran las palmeras!

Una de las fotos era en verdad una postal del puente y decía en el reverso: «Puente Ortiz, 1840-1844».

Hice cálculos. El puente lo habían construido hacía ciento sesenta y cinco años.

El atardecer del día siguiente se vino encima con amenaza de llovizna. La enfermera vino a llevarse a la abuela, pero, antes, mantuve el álbum abierto en una panorámica de la ciudad, recostada al pie de la cordillera. Lo cerré suavemente y lo dejé sobre mis rodillas.

–Fotos –dijo la abuela.

¿Lo dijo o creía que lo había dicho?

Siempre he creído que aquella tarde y las tardes anteriores al lado de la abuela significaron algo muy importante: empecé a conocer episodios desconocidos de su vida. Pensé que uno pasa al lado de personas que quiere y que significan mucho para uno y nunca se interesa en conocer lo que fueron en el pasado. No sabemos nada de su vida, solamente lo que, poco a poco, en desorden, nos van diciendo sobre ellas.

Una jovencita de trece o catorce años monta un caballo con el cuerpo erguido. Lleva pantalones y botas de montar. Un hombre apuesto, con apariencia de cuarenta años, sostiene las riendas del caballo. Es sin duda el padre de la niña. La foto es tan buena, que el rostro de la joven dibuja muy bien los rasgos de la cara, los pómulos altos, la frente amplia, el cuello largo, la boca de labios delgados.

Di un salto y miré una a una las fotografías de su matrimonio, lentamente, acercando cada página del álbum a los ojos de la abuela. Me entristeció no encontrar reacción alguna. ¡Y se trataba de fotos del día de su matrimonio! No lo pensé en esos instantes sino después: la abuela había olvidado el día más feliz de sus dieciocho años y tal vez de su vida.

Seguí repasando las fotos e imaginé que ella ya no era indiferente, que ponía su mano sobre mi mano y me guiaba, me hacía retroceder o adelantar, quería detenerse en las fotos que más la emocionaban, en la elegancia de la pareja joven que posaba, ella de blanco y con velo y sombrero, él de traje oscuro, con un delgado bigote que le marcaba la línea superior de los labios. Ella y él en un coche engalanado, tirado por un caballo también engalanado. Ella y él en las escalinatas de un vapor que zarpaba de Honda y haría el recorrido del río hacia Puerto Colombia.

La enfermera se acercó, le tomó el pulso y me ordenó dejarla sola. Se llevó a la abuela al interior de la casa, pero antes de que le diera media vuelta a la silla de ruedas me llamó la atención la expresión de pánico de la enfermera.

Llamó a mis padres.

–Está agotada –me dijo.

–¿Solamente agotada? –pregunté.

–Sí –dijo ella–. Además, la tarde empezó a enfriarse.

Mis padres vinieron al encuentro de la enfermera.

–Vete a tu cuarto –me dijo amablemente mi madre.

Dos médicos llegaron más tarde, hablaron casi en secreto con mis padres y se internaron en la habitación de la abuela.

26

Dormí poco y muy inquieta. No soñé nada. Tenía miedo a soñar. Por primera vez en mi vida, tenía miedo a soñar. Hice esfuerzos por mantenerme despierta. A ratos, me caía encima el sueño. Despertaba y me restregaba los ojos. Tenía encima de la cama los álbumes de fotos.

Esa noche repasé dos y tres veces cada una de las fotos de aquella época, con la cabeza recostada contra las almohadas. Me maravillaba ver el gentío que despedía al barco en aquel puerto de río, los vestidos de la gente, los rostros de hombres y mujeres que seguramente eran parientes de la abuela y el abuelo. Me detuve un rato admirando la fotografía en que la abuela y el abuelo saludaban con la mano en alto desde la borda del vapor.

Abandoné el álbum al darme cuenta de que lo había visto una y otra vez, que ya no quedaban más fotografías y que, en adelante, las fotografías ya no serían de la abuela y el abuelo sino de ellos y el resto de la familia en épocas posteriores. No me pude dormir sino hasta muy tarde, ya de madrugada.

Sentí voces en los pasillos, el eco de las voces de mis padres en la madrugada, la voz de la enfermera diciéndoles algo que no quise comprender. Seguí oyendo murmullos.

Para no escuchar nada de lo que se hablaba a esas horas en la casa, me tapé la cara con las cobijas y me quedé con los ojos abiertos en la oscuridad interior, segura de que no escucharía nada de lo que se dijera allá fuera.

Alcancé a distinguir la voz de los médicos. Me tapé aún más la cara, me cobijé el cuerpo. No quería por nada del mundo saber lo que se decía allá fuera ni lo que estaba sucediendo en el cuarto de la abuela. Recorrí con la mirada todo el álbum de fotos. Faltaba una, me dije, la última.

Cerré entonces los ojos y me la imaginé: vestida toda de blanco, extendida en su cama, los ojos cerrados, las manos cruzadas en el regazo. Hermosa. Verdaderamente hermosa y plácida.

Esta era la foto que faltaba en el álbum.

Alguien llamó muy suavemente a la puerta de mi cuarto.

–Alexandra –reconocí la voz de mi madre.

Creí reconocer en los pasillos la voz de la tía Esmeralda. Muchas más voces.

No respondí.

No quise abrir.

Llamaron de nuevo.
No abriría la puerta.
Había cerrado los ojos y los apretaba con fuerza.

Cartagena de Indias, febrero de 2011